Staff Development

4

大学職員の能力開発

竹中喜一・中井俊樹 編著

玉川大学出版部

「大学 SD 講座」刊行にあたって

　「大学 SD 講座」は、大学職員として必要となる実践的な知識を体系的に提示することで、大学の教育研究活動の運営にこれまで以上に貢献したいと考える大学職員を支援しようとするものです。シリーズ名に含まれる SD という用語は、スタッフ・ディベロップメントの略称であり、大学職員などの能力開発を指します。

　第一の読者として想定しているのは大学職員です。勤務経験の短い大学職員にとっては難しいと感じる内容が含まれるかもしれませんが、大学とはどのような組織であり、自らがどのように活動を進めるべきかを理解することができるはずです。勤務経験の長い大学職員にとっては、これまでの現場での経験を振り返り、その後の自身のキャリアを考えるきっかけになるでしょう。また、研修を担当する大学職員にとっては、研修全体の構成を検討したり、個々の研修の教材を作成したりする際に役立つでしょう。

　大学職員に加えて、大学教員も読者の対象として考えています。大学設置基準では、SD の対象として一般の大学教員や学長などの大学の執行部も含まれていますが、本シリーズは広く教職員に役立つ内容となっています。さらに、大学職員を目指す方や大学から内定をもらい近々大学職員になる方にも手に取ってほしいと考えています。本シリーズでは便宜上、大学という用語を使用していますが、短期大学、高等専門学校などの高等教育機関の職員にも役立つ内容になっています。

　2017 年の大学設置基準の改正において、SD が義務化されました。多くの大学では、この義務化を契機に大学職員の研修の制度や体制が充実しつつあります。制度や体制の充実化が進められる一方で、遅れているのは質の高い教材の開発です。特定領域の内容については優れた教材が作成されるようになってきていますが、体系的にまとめられた本格的な書籍はほとんど見られないのが現状です。

　本シリーズの最大の特徴は、大学職員の視点で大学職員に必要となる

知識が整理されてまとめられているという点にあると考えています。そのため、多くの大学職員に執筆者や協力者として加わっていただき意見を反映しました。これまでの多くの大学論は高等教育研究者などの大学教員の視点でまとめられているのに対し、本シリーズは大学職員が自分たちの後輩や同僚に何を伝えるべきなのかという視点を重視して内容をまとめています。

　本シリーズは、教職員能力開発拠点として認定されている愛媛大学教育・学生支援機構教育企画室の活動の成果です。刊行にあたっては、全国で活躍する多くの教職員から有益な情報をいただきました。本シリーズが多くの大学関係者に活用され、直面する課題を解決し大学の教育研究活動の運営の質を高めることに役立つことを願っています。

シリーズ編者　中井俊樹

はじめに

　大学職員の能力開発は、どのような目的で行われるべきものでしょうか。この問いに読者のみなさんはどのように答えるでしょうか。所属する大学の目標を達成するためと答える人は多いでしょう。業務にうまく対応できるようになりたい、あるいは学内外から高い評価を得たい、といったように自分自身のためと答える人もいるでしょう。能力開発は、組織と個人のどちらの視点からもとらえることのできるものです。

　本書ではまず、大学職員個人の視点で能力開発をとらえることとしました。個々の大学職員が、1人の学習者として学習するための原理や方法について理解することにより、能力開発を促進することができるでしょう。また、能力開発は1人で行うよりも、周囲からの働きかけにより、能力開発の効果、効率、魅力を高めることができる場合も多くあります。

　そこで、大学職員について、個人の視点を出発点として、他者や組織との関係まで幅広くとらえたうえで、どのように能力開発を促進することができるのかについて考えました。職場において個人の能力開発に影響を与える重要な他者として、指導者があげられます。指導者には、上司や先輩といった立場の大学職員が想定されるでしょう。また、同僚同士でも教え合いが行われることがあります。異動してきたばかりの上司に対して、部下が教えるといった場合もあるでしょう。指導者になる機会は、どの大学職員にも訪れるのです。

　学内外の研修講師や人事部門の担当者なども、能力開発にかかわります。能力開発は業務における指導だけではなく、研修や自己啓発によっても行われるためです。ただ、研修や自己啓発においても指導者の視点を中心にしてとらえることができます。指導者自身が研修を設計したり、自ら研修講師を担当したりする場合もありうるためです。指導対象者の自己啓発支援を行う場面もあるでしょう。

　また、大学における能力開発の制度を機能させたり、指導対象者が身

につけた能力を業務に活かしたりするためには、職場全体として能力開発を促す働きかけが必要です。指導者には、そうした働きかけを推進する役割が期待されるのではないでしょうか。

　以上のことから指導者に着目することで、特定の部署あるいは役職によらず、業務内外の双方にわたって大学職員の能力開発をとらえることができると考えました。適切な指導を行うためには、大学職員の能力開発の原理について知識として習得し、かつ、具体的な実践方法も身につけておくことが重要です。こういった考え方のもとで本書を構成することとしました。すなわち本書の特徴は、大学職員の能力開発の原理と実践方法がバランスよく記述されている点にあります。学習や指導などの原理を踏まえ、本書で示した実践方法を応用することで、より効果的な能力開発が促されるでしょう。

　また本書では、状況に合った指導を行うという点に着目しています。指導の難しさは、さまざまな状況にそのつど対応し、最適な方法を模索し続けなければならない点にあるためです。同じ指導方法であっても、指導対象者が異なればうまくいくときとそうでないときがあります。職場の中に能力開発に対する肯定的な雰囲気があるかないかによっても、指導対象者の学習意欲や学習機会は変わってくるでしょう。

　そこで、状況に合わせた応用のしやすさも意識しながら、能力開発の意義と背景や、大学職員の学習の原理、指導者としての役割、目標設定、知識・技能・態度の指導、振り返り、評価とフィードバックといった指導の一連の流れ、研修の実践と運営、自己啓発支援、能力開発の促進と発展に資する働きかけといった内容についてまとめました。

　なお、状況に合った能力開発を促すために、本書に書かれている内容をすべて取り入れなければならないわけではありません。状況に合わせて取捨選択したり、自分なりにアレンジしたりすることを念頭に置きながら読み進めていくとよいでしょう。そのように読み進めていくと、指導者自身が学習者としてよりよく学習するための参考書としても、本書を活用することができます。

本書は、12 章から構成されています。各章でそれぞれ異なる視点から、大学職員の能力開発が理解できるようになっています。第 1 章から順に読まれることを想定していますが、各章においても内容が完結するように執筆していますので、自分の関心のあるところから読み始めてもよいでしょう。

　読みやすさと親しみやすさも本書では重視しています。できるだけわかりやすい文章を心がけ、本文の内容に合ったイラストも挿入しています。また、執筆者の経験や意見を短い読み物形式でまとめたコラムも掲載しています。さらに、本文中の「**大学設置基準**＊」のような右肩に印がつけられている用語は、巻末の用語集において解説をしています。用語集には本文における掲載頁が示されており、索引としての機能も兼ねています。

　本書で使用する用語についてあらかじめ説明します。大学職員という用語は、法令などで大学教員を含めて用いられる場合もありますが、本書では大学教員を含まない用語として使用しています。大学教員を含む場合には、大学の現場で使われる教職員という用語を使用します。また、指導者だけでなく指導対象者という用語が頻出します。指導対象者は、指導を受けながら、個人で能力開発をはかろうとしている大学職員という意味で使われる用語と定義します。

　本書の大半は書き下ろしたものですが、第 6 章については中井俊樹（2020）「業務を通した指導の質を高める」（『臨床老年看護』第 27 巻第 6 号）の内容をもとに加筆修正しました。

　本書の刊行にあたり、多くの方々からご協力をいただきました。特に「大学 SD 講座」の他巻の多数の執筆者からは数回にわたり有益なコメントをいただきました。さらに、淺田隼平氏（愛媛大学）、織田隆司氏（愛媛大学）、木村弘志氏（一橋大学）、篠田雅人氏（社会情報大学院大学）、進藤千晶氏（愛媛大学）、中島英博氏（名古屋大学）、長山琢磨氏（東北学院大学）、山根佑介氏（愛媛大学）、山浦久美子氏（愛媛大学）、米田健氏（愛媛大学）には、本書の草稿段階において貴重なアドバイスをいただ

きました。そして、森貴志氏と相馬さやか氏には本書の企画のきっかけをいただき、玉川大学出版部の林志保氏には、本書が完成するまでのさまざまな場面でお力添えいただきました。この場をお借りして、ご協力くださったみなさまに御礼申し上げます。

編著者　竹中喜一

中井俊樹

目　次

第 10 章　研修の運営 ——————————————— 107

大学職員の能力開発

第1章 大学職員の能力開発の意義と特徴

1 大学職員の能力開発を理解する

(1) 能力開発とは何か

　大学職員の能力開発とはどのような活動なのでしょうか。大学職員の能力開発の範囲や形態を理解するためにも、能力開発とは何を指す用語なのかを明確にする必要があります。能力開発という用語は、経営学、心理学、教育学などのさまざまな学問領域において使用されています。それらの学問上の定義と大学の文脈を踏まえて、本書では大学職員の能力開発を以下のように定義します。

　　　大学の目標達成と個々の自己実現を目指した大学職員の学習を促す取り組み

　2017 年に**大学設置基準***において義務化された **SD***は、「大学は、当該大学の教育研究活動等の適切かつ効果的な運営を図るため、その職員に必要な知識及び技能を習得させ、並びにその能力及び資質を向上させるための研修（第 25 条の 3 に規定する研修に該当するものを除く。）の機会を設けることその他必要な取組を行うものとする」という文章で表されています。法令上の職員は教員を含むため、教員も SD の対象者に含まれています。

　本書の能力開発の定義は、大学設置基準で示された SD と異なる部分

もあります。それは、対象を大学職員に特化している点、個々の大学職員の自己実現が目的に含まれている点、研修だけでなく業務内外における幅広い学習を含む点などです。

(2) 能力開発は包括的な活動である

能力開発に似た用語に、職業訓練や人材育成があります。職業訓練や人材育成は、指導者側の視点が強調された用語といえるでしょう。しかし、能力開発は、その視点だけではなく、学習者の視点も含んだ用語です。つまり、能力開発には、先輩職員や研修講師らが指導対象者の能力を開発するという活動と、大学職員が自分自身の能力を開発する活動の２つの活動が含まれます。能力開発は、職業訓練や人材育成も含んだ広義の活動を指す用語なのです。

大学職員の能力開発の実態を考えると、教室での教員と学生のように、指導者と指導対象者を明確に区別できない特徴があります。大学の職場では、先輩職員の業務の方法を見ながら学んだり、会議の中で新しい知識を身につけたりします。また、自らの意思で業務に関連する政策文書を読んで学習したり、人事異動に伴い新たな業務に不可欠な能力をいつのまにか身につけたりするなど、指導者が必ずしも明確に存在しない学習もあります。指導者の存在や明確な教育的意図を前提とすると、個々の職員の学習を考える際に多くの学習活動を見落としてしまうおそれがあります。そのため、個々の職員の自発的な学習や無意識的な学習も含む広い範囲を包括した活動として能力開発をとらえていきます。

(3) 能力開発の責任は誰にあるのか

能力開発の責任主体は誰にあるのでしょうか。これは能力開発を考える際の重要な問いです。この問いに答えるために、大学職員の能力開発の文脈から離れて、義務教育について考えてみましょう。ときどき誤解されることがありますが、義務教育は子どもが学校に行く義務があることを表した用語ではありません。法律上、子どもには教育を受ける権利

があるだけで、教育を受ける義務はありません。子どもに教育を受けさせることが保護者に義務づけられているのです。

　では、義務教育と同様に、能力開発においても学習者としての大学職員には能力開発の権利のみがあって義務などの責任はないという考え方ができるでしょうか。大学設置基準における規定も、所属する職員ではなく組織である大学に研修の機会を設けることを求めています。

　確かに大学職員の能力開発を行う責任が大学にはあります。だからといって、大学職員自身に能力開発を行う責任がないということにはつながりません。たとえば、「大学が質の高い能力開発の機会を提供しないから業務をこなすことができない」と批判ばかり言う大学職員がいたら、違和感はありませんか。個々の大学職員は子どもではなく成人であり、大学職員として**キャリア***を築いていくために自分自身の能力開発に対して一定の責任があると考えるほうが適切でしょう。能力開発の責任主体は、学習者である大学職員本人にもあります。所属する大学職員に自分自身の能力開発を行うことに対する責任を自覚させることも大学にとっての重要な課題といえるでしょう。

2　能力開発の意義を理解する

(1)　能力開発を大学の発展につなげる

　大学職員の能力開発は、新しい課題の解決や業務の円滑な実施などを目的にしますが、それらは最終的に大学の目標達成を目指した活動ということができます。能力開発を行い大学職員の業務の質を高めることで、大学全体の成果の向上が期待できます。つまり大学職員の成長は、大学の成長にも寄与するものだといえるでしょう。とりわけ経営環境が変化し、大学が激しい競争にさらされるようになるにつれて、大学職員の能力開発は大学の競争力を高めるためにも不可欠なものと認識されるようになっています。

大学職員の能力開発は、政策の中で SD という用語で推進されてきました。その目的は一貫して組織としての大学の目標を達成することとして示されてきました。SD という用語が政策文書において初めて用いられたのは、2005 年の**中央教育審議会***の答申である「我が国の高等教育の将来像」です。**教育の質保証***をはかるうえで、「事務職員や技術職員を含めた管理運営や教育・研究支援の充実を図ることも極めて重要」であり、「評価とファカルティ・ディベロップメント（FD）やスタッフ・ディベロップメント（SD）等の自主的な取組との連携方策等も今後の重要な課題である」と指摘されました（中央教育審議会 2005）。その後のさまざまな政策文書においても SD の重要性が示され、2017 年施行の大学設置基準では、「当該大学の教育研究活動等の適切かつ効果的な運営を図る」ことを目的とした活動として、SD が位置づけられました。

(2) 大学職員への期待が変化している

大学職員に期待される役割は時代や環境変化によって変化していきます。ひと昔前の大学職員について、このような証言がされています（井原・中元 2011）。

> 大学職員として働き始めたころ、出勤すると毎日のように青焼きのコピー作業をしていました。（中略）そのような仕事は、基本的に新人職員が担当していたので、私は大学職員の仕事がこれほどルーティンワークに終始することに嫌気が差して、もうやめてしまおうと考えていたのです。

情報技術の進化によってこういったルーティンワークにかかる時間は大幅に減っています。しかし依然として、大学という組織を運営していくための定型的な業務は多数あります。たとえば、入学式などの式典の運営は年度が変わっても大きく変わらない業務です。学生の履修手続き

なども原則は大きく変わらない定型的な業務です。定型的な業務も、大学にとっては重要な業務であり、大学職員が中心的な役割を担うものであるといえるでしょう。

一方、大学を取り巻く環境が、18 歳人口の減少、**ユニバーサル段階***への移行、グローバリゼーションなど急激に変化しています。そのため、大学運営をめぐる課題は高度化、複雑化してきており、従来の教員主体の意思決定、職員による事務運営という構造では対応しきれなくなってきています。現在の大学職員は、外部環境の変化に対応した役割が期待されているのです。

(3) 雇用形態が能力開発を求めている

能力開発は雇用形態ともかかわります。多くの大学職員は、特定の職務内容や任期を定めない長期雇用を前提とした形態で採用されます。これは多くの日本の企業や組織で採用されている雇用形態です。このような雇用形態は**メンバーシップ型雇用***と呼ばれ、職務の内容を定めて雇用契約を結ぶ**ジョブ型雇用***と対比されます（濱口 2009）。メンバーシップ型雇用においては、長期雇用が前提です。組織は構成員を長期間にわたって組織を支える人材として育成するのです。

メンバーシップ型雇用で採用される大学職員の多くは人事異動を伴います。人事異動により、大学職員は新たな職場において業務を担当し、これまでとは異なる能力が求められます。教務部門であれば関連する法令や規則の知識やコミュニケーション能力が、情報部門であればネットワークやサーバーに関する知識が欠かせないでしょう。

また、多くの大学職員はキャリアの中で職位が変わります。大学によって名称は異なりますが、部長、課長、係長、主任、係員といった区分で職位を設けるのが一般的です。同じ部署であっても、職位によって担う役割は異なります。職位によって求められる能力が異なることは、経営学者のカッツによって指摘されています（Katz 1955）。カッツは、職務遂行に必要な能力を、**テクニカルスキル***、**ヒューマンスキル***、

コンセプチュアルスキル*の３つに分類し、職位が上がりマネジメントにかかわる立場になるほど、テクニカルスキルよりもヒューマンスキルやコンセプチュアルスキルが求められるようになると指摘しています。つまり、新しい職位に伴って能力開発が期待されるのです。

(4)　個々の大学職員の自己実現を支援する

　能力開発は、大学の目標達成だけでなく個々の自己実現を目指した活動としても位置づけられます。近年では職場内での労働者の権利に対する意識が高まっており、その中で**キャリア権***という考え方が注目されています。キャリア権とは、働く人びとが意欲と能力に応じて希望する仕事を選択し、職業生活を通じて幸福を追求する権利です（諏訪 2017）。大学の発展のためのみに大学職員がいると考えるのではなく、大学での仕事を通して自己実現を達成するために大学職員がいると考えることもできます。この考え方に基づけば、能力開発は大学の目標達成だけでなく個々の自己実現を目指した活動とみなすことができるでしょう。たとえば、自らの意思で研修を受けたり、大学院で学習したりする活動は、個々の自己実現を目的としている場合も多いでしょう。

　大学の中でも個々の自己実現を能力開発の目的として組み込んでいる事例もあります。たとえば、SD を以下のように定義し、個々の大学職員の自己実現を目的の一部に組み込んでいる大学もあります（愛媛大学 2019）。

　　愛媛大学憲章に掲げる教育、研究、社会貢献、大学運営の各理念の実現と個々の自己実現を目指した、執行部を含むすべての教職員のキャリアの各段階における能力開発の組織的な取組の総称

(5)　指導する大学職員の成長につながる

　能力開発は学習する大学職員のためだけでなく、指導する大学職員の

コラム　能力開発の機会を提供しない組織

　能力開発の機会を提供しない組織はよくない組織だと考える人がいるかもしれません。しかし、必ずしもそうではないようです。ある有名な予備校では講師に対する研修の機会はほとんどありません。なぜ組織的な能力開発の機会がないかというと、その予備校で勤務したい講師が多く、個々の講師の給与などの待遇も業績によって決められるからです。業績が高ければ待遇が改善する一方、業績が低ければ翌年度の契約は解除されてしまい、新たな講師が雇用されます。このような組織においては、個々の講師は待遇を高めるため、自分自身で能力開発を進めることになります。個人の業績が可視化され競争下に置かれるので、組織が能力開発の機会を提供する必要がないのです。

　現在の多くの大学職員は長期雇用を前提としており、組織による能力開発が充実しています。しかし、近年さまざまな分野で長期雇用を見直す議論があります。長期雇用と組織による能力開発は密接につながっているため、長期雇用が見直されたら組織による能力開発も見直されるでしょう。大学職員も予備校の講師のように自分自身で能力開発を進めるようになる時代が来るのかもしれません。個人の業績が可視化される職務であれば、短期雇用で競争的環境をつくることもできます。実際、特定の業務内容に特化した短期雇用の職員を募集する大学もあります。みなさんは、予備校の講師のような働き方を嫌だと考えるでしょうか、それとも実力勝負でやりがいがあるとワクワクすることができるでしょうか。

成長にもつながる活動です。指導する大学職員にとっては、自分の担当の業務に加えて指導を行うことになり負担になることは事実です。しかし、指導することは負担以上の効果を期待することができます。

　組織内での指導の意義は広く認められています。経営学者のドラッカーは、「知的労働者は自らが教えるときにもっともよく学ぶという事実がある」と指摘し、どのような組織も教える組織に転換することを提唱しています（ドラッカー　2000）。

　他者を指導することは自分のためにもなります。他者に理解してもらうために工夫して教えようとする過程で、指導者の思考も明確になっていきます。指導を通して当然のように遂行していた業務の意義や根拠に改めて気づくこともあるでしょう。大学教育では、学生間の教え合いを

アクティブラーニング*の手法として授業に取り入れる教員も少なくありません（中井編 2015）。ほかの学生に教えることで自分自身の理解を深めることができるからです。これは大学職員の能力開発においてもあてはまるといえるでしょう。

　また、指導する経験は、説明力、コミュニケーション力、リーダーシップといった指導以外の業務を遂行する能力の向上にもつながります。指導の中で自身の視野の拡大も期待できます。たとえば、新任職員や他部署から新たに配置された職員からの新鮮な目線に基づく質問や意見は、これまで自分では思いつかなかった視点をもたらす可能性があるからです。

　さらに、指導という教育活動に直接かかわることは、教育機関に所属する職員にとって、教育において何が重要なのかを考えたり、教員の教育活動を理解したり、具体的な教育の改善のヒントを得たりするきっかけにもなるかもしれません。

3　能力開発は3つの方法に分類される

(1)　業務を通して能力を高める

　職業人の能力開発の方法は、一般的に **OJT***、**Off-JT***、**自己啓発***の3つに分類されます。ここでは、それぞれの特徴を順にみていきましょう。

　OJT は、On the Job Training を略した用語であり、職場内訓練ともいわれます。用語が示すように、日常の業務に就きながら行われる能力開発のことです。指導者は、初めて取り組む業務についての説明をしたり、業務の方法の模範を示したり、取り組んでいる業務に対して**フィードバック***を与えるなどして指導対象者の能力を高めていきます。

　業務を通して能力を高める OJT にはさまざまな長所があります。まず、実際の仕事を通して学習するため、実践的な知識を身につけること

ができます。また、基本的には１人ないし少人数を対象として指導を行うことが多いため、個々の能力や特徴に合った指導をすることができます。指導する側の成長や組織内のコミュニケーションの活性化にもつながります。さらに、特別な場所を準備する必要もありません。

　一方で、OJT には短所もあります。その１つは、指導の質が指導者に依存してしまうことです。指導に対する指導者の意識が低かったり、指導者が業務についてよく理解していなかったり、指導する方法が効果的でなかったりする場合、指導対象者は中途半端な指導を受けかねません。また、指導者は自分が担当する業務に加えて指導を行わなければならず、業務と指導の両立が難しいという課題もあります。

⑵　研修によって能力を高める

　第２の能力開発の方法は、Off-JT です。Off-JT は Off the Job Training を略した用語であり、職場外訓練ともいわれます。職場から離れた場で行われる能力開発の機会に参加する活動です。人事部門が実施するキャリア段階別の研修や各部門で実施する実務研修などがあてはまります。大学設置基準に示された SD には研修という用語が含まれているため、法令において Off-JT の制度化が大学に求められていると理解することができるでしょう。

　Off-JT にはさまざまな長所があります。まず、職場から離れて行われることで、参加者は学習に集中することができます。また、OJT では業務の進め方についての実践的な知識の習得に終始してしまうこともありますが、Off-JT ではそうした知識の背後にある原理などを系統立てて学習することができるでしょう。さらに、Off-JT は研修のように集団を対象に行われることが多いため、ほかの参加者とコミュニケーションをとることができ、新たな人的ネットワークを拡大するきっかけにもなります。

　一方で、Off-JT にも短所があります。その１つは、必ずしも職場のニーズと研修内容が合うとは限らないことです。研修で新しい知識や考

え方を大学職員が学習しても、それを実践で活用する機会がないかもしれません。また、参加者の時間の確保も難しい問題です。Off-JT では、通常の業務とは別に能力開発の機会を設けなければなりません。通常の業務が忙しいときは研修の内容に関心があっても参加できない場合もあるでしょう。さらに、Off-JT は費用面でも課題となりえます。学外から研修講師を招聘したり、外部の研修に派遣したりする場合には、そのための予算を確保しておかなければなりません。

⑶　自発的に能力を高める

　第3の能力開発の方法は、自発的に自身の能力開発を行う自己啓発です。OJT や Off-JT とは異なり、本人の必要性や主体性に応じて能力を向上させる点に自己啓発の特徴があります。教育機関に限らずさまざまな組織の人材育成の一環として自己啓発のための支援が行われています。大学職員の自己啓発の例としては、各種研修セミナーへの自主的な参加、資格取得に向けた学習、大学や大学院などの教育機関における学習、書籍による学習などがあります。

　自己啓発の長所は、大学職員が自身のキャリア開発に応じて学習できる点にあります。大学が推進する OJT や Off-JT とは異なり、学習者である大学職員の主体性を期待することができます。現在では、さまざまな自己啓発に役立つ書籍やオンライン上の教材があり、自分のペースで学習できる環境は整ってきているといえます。

一方、自己啓発にも短所があります。自己啓発については大学からの強制力がないため、学習をするかどうかは個人の意思に依存してしまいます。そのため学習しない大学職員がいたり、学習の途中で挫折する大学職員がいたりするかもしれません。また、大学職員が自己啓発によって学習する内容と大学が期待する学習内容が異なる可能性もあります。さらに、自己啓発に要する費用も課題になります。ただし、現在では自己啓発の意義は広く認められており、自己啓発に要する費用を補助するなどの支援制度をもつ大学も少なくありません。

第2章 大学職員の学習の原理

1 学習の原理を学ぶ意義を理解する

(1) 学習は複雑な現象である

親から「勉強しなさい」と言われて、学習への意欲が低下したという経験はないでしょうか。一方で、親から言われることで学習への意欲が高まったという経験をもつ人もいるでしょう。また、ある後輩には効果的であった指導方法が、別の後輩にはうまくいかなかったという経験もあるかもしれません。学習とは個人的な活動であり、さまざまな要因とかかわっています。水素と酸素を化合すると水ができる化学反応のように一筋縄ではいきません。これさえやっておけば大丈夫という万能薬がないというのが学習だといえるでしょう。

(2) 学習には一定の原理がある

学習とは一括りに説明することが難しい言葉ですが、一定の原理もあります。すべての人に同じようにはあてはまらないかもしれませんが、人はどのようにして学習するのか、どのようなときによく学ぶのかなどについて、大多数の人にあてはまる原理があります。

たとえば、成人の学習と子どもの学習には異なる特徴がある、学習目標が明確であったほうが学習を促すことができる、学習に対する素早い**フィードバック**＊は学習を促す、といったことです。学習に関する研究の中で、そうした知見が明らかになっています。

能力開発にかかわる大学職員であれば、学習に関する原理を把握しておくべきでしょう。なぜなら、個人的経験や思いつきで指導するだけでは限界があるからです。指導者は、指導対象者の学習の仕組みを理解することで、よりよい指導を実行できるでしょう。また、原理を理解しておくと、自分自身の指導に関する改善点が明確になります。「よい理論ほど実際に役に立つものはない」という社会心理学者のレヴィンの主張は、能力開発の領域においてもあてはまるといえるでしょう（Lewin 1943）。

2　成人学習の特徴を知る

(1)　子どもの学習とは異なる

　子どもは一定の年齢になると学校に入学し、**学習指導要領***などで決められた内容を順番に学習していきます。一方で大学職員は、配属された部署や業務内容によってそれぞれ異なる内容を学習することもあります。しかも、その内容についての学習が必要となる時期は人によって異なります。

　大人になるにつれ、学習のあり方も変わっていきます。成長に伴う学びの変容を整理したのが、成人教育学者ノールズです。ノールズは、子どもに対する教育の技術と科学をペダゴジー、大人の学習を支援する技術と科学を**アンドラゴジー***と定義し、大人のための教育学としてアンドラゴジーの概念を広めました（ノールズ 2002）。アンドラゴジーという用語は、ギリシャ語で成人と指導という 2 つの語を合成したものです。このように成人の特徴に合った学習の進め方があるのです。

(2)　学習に対して自律的である

　子どもであれば、学校や親が学習の計画や順序の多くを決めます。しかし、成人が子どもと同じように、他者から言われた計画や順序の通り

に学習すれば、強制的に学習させられていると感じ、学習意欲を高めることは難しくなるでしょう。なぜなら、成人は学習することについて自ら計画を立てようとする能力や意欲を備えているからです。学習に対して自律的であるといえるでしょう。

したがって、成人の学習には決まった教科書やカリキュラムといったようなものはそれほど多くありません。逆にいうと、どのような書籍や資料であっても学習の対象になりうるともいえるのです。指導者は、学習のスケジュールや内容を指導対象者が自分で決めていけるように支援するとよいでしょう。

(3) 具体的な課題が学習する動機となる

大学職員が学習したいと考えるのは、どのようなときでしょうか。たとえば、英語能力を高める研修を受講する動機について考えてみましょう。

学生であれば、テストで高い点を取りたい、英語が好きだといったものが動機になるでしょう。しかし、大学職員の場合は、英語を母語とする学生や教員に対応しなければならないといったような、業務で必要に迫られることが動機になることも多いでしょう。

学習をうまく進めるためには、学習する動機が必要です。動機が大事なのは子どもでも同様ですが、総じて成人と子どもで動機になりやすいものは異なります。個人差はありますが、子どもは賞罰や学習内容そのものに対する好奇心を動機としやすいのに対し、成人は具体的な課題解決に役立つ内容であると考えたときに学習動機を高める傾向にあるのです。

(4) 経験は貴重な学習資源である

成人の学習者は、経験を通して多くを学習することが知られています。それを示すものとして、**70/20/10 の法則**＊という言葉があります。これは、人の成長を決める要素の比率です。優れたマネジャーを対象とした調査をもとに、学習の 70％は自分の仕事の直接的な経験から、20％は他者の観察やアドバイスから、10％は本を読んだり研修を受けたりす

ることから得られることを示したものです（Lombardo & Eichinger 2010）。成長に大きな影響を与える経験を学習に活かすという視点が重要になります。

　さらに、他者の経験も学習資源になりえます。他者の失敗談を聞けば、自分は同じ失敗をしないように、より気をつけようとするでしょう。自分が**直接経験**＊していなくても、他者の経験を聞く**間接経験**＊によって成人は学習することができるのです。ただし、自分自身の経験が十分でなければ、他者の経験の背景や状況を想像できないこともあります。その場合は、間接経験から学習することが難しくなります。

3　大学職員の学習の原理を理解する

(1)　知識獲得論を理解する

　職業人の学習についてはさまざまな研究があります。学習をどのようにとらえるかによっていくつかのモデルが構築されています（中原編 2006）。代表的なモデルとして、知識や技能を獲得する知識獲得論、経験を通して学習する経験学習論、集団の中での参加を通して学習する**正統的周辺参加論**＊があります。ここでは、3つのモデルを順に紹介します。

　知識獲得論は、研修などの教育プログラム内で習得した知識や技能を

職場に活用するというモデルです。学習転移モデルと呼ばれることもありますが、学習転移という用語は、ある学習が別の学習に影響を与えるという別の意味でも使われます。そのためここでは知識獲得という用語を使用します。知識獲得論は、確立した知識や技能がよりよい業務を可能にするという前提に立っています。

　知識獲得論における職業人の学習は、学校での学習と類似しています。たとえば、**大学設置基準***を理解したり、表計算ソフトの使い方を習得したりすることは、学校における学習と似ているといえるでしょう。ただし、身につけた知識や技能はテストによって評価されるのではなく、実際の職場での活用によって評価されます。

　知識を獲得して学習する知識獲得論では、さまざまな学習にかかわるモデルが活用できます。たとえば知識をどのように記憶するかという記憶のメカニズムは重要です。記憶には、①記銘、②保持、③想起という３段階のプロセスがあります。記銘の段階では、視覚や聴覚などを通じて入力された刺激を意味のある情報として認識し、一時的に覚えます。保持の段階では、意味のあるものとして認識された情報を失わないように蓄積します。想起とは、保持した情報を思い出すことです。人が長期的に記憶できる情報は、その人がすでにもっている知識と関係があったり、自分にとって意味があったりするものです。そのため、既存の知識との関係性や学習する意義を理解する機会、そして理解した内容を何回も想起する機会があると、記憶の定着を促すことができます。指導者は、このような機会をつくろうとすべきでしょう。

　また、職業人の学習として**技能習得のモデル***も理解しておくとよいでしょう。技能の習得には、認知の段階、体制化の段階、自動化の段階という３つの段階があることが指摘されています（森他 2011）。認知の段階では、頭の中で手順や注意点を確認しながら、正しい動作を理解していきます。体制化の段階は、理解した正しい動作を、一連の動きとして実践できることを目指します。自動化の段階は、意識せずに一連の動作ができる段階です。指導者は、指導対象者がどの段階にあるのかを確

認することで、適切な支援の方法を考えることができます。

(2) 経験学習論を理解する

　大学職員の学習の中には経験から**持論**＊を形成していく学習もあります。たとえばリーダーシップの能力は、さまざまな試行錯誤を通して自分なりのリーダーシップに関する持論を形成していくものです。経験から学ぶためには、単に何かを経験するだけでは不十分です。たとえば、失敗した経験を学びにつなげるためには、失敗した後にその理由や成功するような次の行動を考えなければなりません。つまり、経験した出来事から教訓を導き出すという行為が必要となります。このような経験の振り返りを通して学ぶことを経験学習と呼びます。

　経験学習の理論としてもっとも有名なものは、図 2-1 に示したコルブの**経験学習モデル**＊です（Kolb 1984）。コルブは経験学習を 4 つの段階に分けています。まず、人は失敗や成功などの具体的な経験をします（具体的な経験）。そして、その経験を振り返り（内省的な観察）、自分なりの仮説や教訓を得ます（抽象的な概念化）。その仮説や教訓を新たな状況に適用し（積極的な実験）、学んでいくというものです。このモデルの特徴は、経験学習を継続的なプロセスと考えているところです。自分な

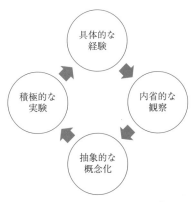

図 2-1　コルブの経験学習モデル
出所　Kolb（1984）、p. 21

りの仮説や教訓を積極的に適用することが、また新たな具体的な経験となり、学習のはじまりとなるというモデルです。

　誰もが職場内でさまざまな経験をし、時にはその経験が大きな学習につながります。そのような直接経験は**一皮むけた経験***といわれます（金井 2002b）。一皮むけた経験の代表的なものとして、その人にとって初めての経験があげられます。人事異動、前例や前任者のない初めての業務、外国での業務経験といったものも、一皮むけた経験になりうることが指摘されています。大学職員の中には新学部の設置業務を担ったことで大きく成長したという人もいます。こうした業務が学習につながりやすい理由は、新しい知識や技術を学習する必要性が高いことにあります（松尾 2011）。前例がないものであれば、参照できる情報が少ない中で判断しなければならないことも多く、失敗を繰り返しながらそのつど学習し続けていくことになります。

(3)　正統的周辺参加論を理解する

　学習をするときに私たちは、研修会場に行ったり書籍を開いたりといったように、学習そのものを目的とした行動をとるのが一般的です。しかし仕事の中では、特に学習と学習ではない行動を切り分けて考えてはいません。私たちは仕事をする中で自然に学習しているのです。このように、学習を仕事における諸活動への参加の過程とみなす考え方があります。

　人類学者のレイヴと学習研究者のウェンガーは、産婆、仕立て屋、操舵手などの**徒弟制***の共同体で行われている教育的活動の中で、新人がどのようにして一人前になっていくのかを分析し、その結果を正統的周辺参加論として理論化しました（レイヴ・ウェンガー 1993）。正統的周辺参加論は学習のとらえ方に特徴があります。まず、学習は仕事の中に埋め込まれたものであり、学習と仕事の間に明確な境界線はないととらえています。また、学習を個人の頭の中での知識習得に限定するのではなく、他者や組織との相互関係としてとらえています。

職場の中において新任職員は、その職場に所属した時点で正式な構成員として迎えられます。正統的周辺参加論においては、共同体との正統的な関係をもった状態と言い換えることができます（大島・益川編2016）。新任職員がはじめに任される仕事は、失敗してもフォローを受けやすい環境で、それほど難しくないものが多いでしょう。しかし、そのような仕事も職場にとっては必要不可欠なものです。このように共同体に必要な活動の末節にかかわっている状態を、周辺的な参加といいます。共同体に正統的かつ周辺的な参加の状態が生じていることが、学習の出発点になるのです。

　正統的かつ周辺的な参加をし続けるうちに、所属する共同体のもつ文脈や状況に根づいている知識、技能、価値観を、熟達者の観察や模倣を通して獲得していきます。そして、自分なりの工夫や方法を生み出したり、メンバーに認められ業務を任されたり、新しい役割や役職を担ったりして、意欲を高め自己意識を変容させていくのです。

　このように学習を広くとらえる正統的周辺参加論は、徒弟制における学習だけでなく、大学職員を含むさまざまな職業人の学習の実態を説明することができるでしょう。

4　長期的な熟達化を理解する

(1)　長期の学習によって熟達化する

　単に目前の業務における課題解決だけでなく、長期的な成長も視野に入れて学習は行われるべきものです。その際には**熟達化***という視点をもつとよいでしょう。熟達化とは、経験を積んで多くの知識や技能を獲得するまでの長期的学習過程を指す用語です（金井・楠見編 2012）。熟達者とは、熟達化の過程を経た人のことをいいます。熟達者は、①もっともよい解決策を生み出すことができる、②目の前に起こるできごとの特徴に気づくことができる、③問題を質的に分析するのに十分な時間を

かける、④自己の状態をモニタリングすることができる、⑤成功しやすい戦略を選ぶことができる、⑥状況に適応しようとすることができる、⑦知識や戦略を見つけるための認知資源を最小限ですませることができる、といった特徴をもつといわれています（Chi 2006）。

　その一方で、熟達化には限界もあります。たとえば、1つの領域で熟達した技能をもっていても、ほかの領域で適用できるわけではありません。財務部門で長く経験を積んで高い能力を発揮できたからといって、教務部門でも熟達者としてすぐにふるまえるわけではないのです。また、熟達者は時に自信過剰になってしまうこともあります。自分自身が積んできた経験にこだわりすぎてしまうと、新たなことを学習する際の阻害要因になってしまうこともあります。新たな経験から学習し続けるためには、学習したことを捨て去る**学びほぐし**＊も行わなければならないのです。

(2)　2つの熟達者のモデル

　熟達者には2つの種類があると指摘されています（坂元編 1983）。大学職員の熟達者といえば、事務作業を速く正確に行う人が思い起こされることも多いでしょう。こういったタイプの熟達者は、**定型的熟達者**＊とよばれます。大学職員の業務には、定型的な事務作業も多く、周囲からは定型的熟達者としての活躍が期待されることも多くあります。定型的熟達者は、決まった手続きを実行するために必要な知識を身につけており、その知識に基づく行動を自動化して行うことができます。

　定型的熟達者は、特定の手順であったり条件がそろっていたりしている状態でのみ能力を発揮することができますが、現在の大学職員には定型的な手続きのない業務も増えてきています。したがって大学職員は、突発的あるいは未経験の場面でも柔軟に対応できる**適応的熟達者**＊になることも求められているといえるでしょう。適応的熟達者であれば、業務を通じて豊富な知識を獲得し、かつ知識同士を関連づけることにより、さまざまな場面で適用することができるのです。

コラム　学びほぐしの機会を意図的につくる

　私は大学職員として全学の教員の能力開発や授業をサポートする部署に10年間勤務していました。長年所属していると、部署の業務や関連する制度をある程度熟知し、大体の業務には対応できるようになりました。ただし、「これでうまくいっているから十分だろう」と考え、今の業務の進め方がベストなのか、よりよくできる方法はないのかをあまり考えなくなりつつありました。そのような時期に学びほぐしの考え方に出会い、どのような機会が学びほぐしになるかを考えるようになりました。

　後輩にセミナーの運営を任せた時、「受付を学生スタッフに手伝ってもらうのはどうか？」と提案を受けました。学生スタッフを雇用すると費用が増えるため、それまでは職員だけで運営していたのですが、予算が確保できることを条件に承諾しました。実際、学生スタッフを雇用したほうがスムーズに運営を進めることができたうえ、職員の残業も減りました。それ以降は毎回学生スタッフを雇用するようになりました。

　この経験から私は、業務を人に任せることが学びほぐしにつながると考えるようになりました。人に任せると、私が気づいていなかった視点や方法が出てくるのです。セミナーの例では、業務に慣れていた私ではなく、初めてその業務にあたる後輩職員がセミナーの運営を担当するということで、部署の全職員がセミナーの運営に注意を向け、いろいろな知恵を出し合うようになっていました。人に任せることによって、ほかの職員の学びほぐしにもつながっていたのです。

　権限委譲以外にもさまざまな学びほぐしの機会はあります。たとえば、教員や他部署の職員とともに業務をする機会も活用できるでしょう。そういった機会があれば積極的にかかわるようにしてみるとよいのではないかと考えます。

　適応的熟達者は、業務の手順や方法についてはもちろん、それらがなぜ必要であり、うまく機能するのかを考えることができます。適応的熟達者になるための条件として、①常に新しい問題と向き合う、②対話を通じた他者との協同や教え合い学び合いなどの相互作用を働かせる機会がある、③期限がひっ迫するなど外的な必要に迫られていない状況である、④物事の理解を重視する集団に属している、といった4つが提案されています（波多野 2001）。

(3)　熟達化の段階を理解する

　熟達化の過程を示すモデルとして有名なものに、**ドレイファスモデル***があります（Dreyfus & Dreyfus 1986）。このモデルは、ある技能が熟達していく段階を①初心者、②見習い、③一人前、④中堅、⑤熟達者の 5 つに分類したものです。熟達化は、定型的な業務を最初に学び、その経験をもとにさまざまな場面で身につけたことを応用できるようになることにより進んでいきます。特に初心者や見習いの段階においては、他者の指導や支援が多く求められるでしょう。

　初心者は作業に必要な知識や技能だけでなく、作業が生じるタイミングや作業の意味などの文脈を理解していません。したがって、何をどのようにすればよいのかについては、指導者が細かく指示しなければなりません。

　指導を受けながらいくつかの作業を経験していくうちに、決まった作業を行うための知識や技能を習得し、少しずつ作業の文脈を理解できるようになります。これが見習いの段階です。限られた定型的な業務であれば手際よく行うことができますが、その時々の状況において何が重要であるかを判断するにはいたりません。したがって、臨機応変な対応や効率的な方法を選択できるわけではありません。

　さまざまな状況でも能力を発揮できる意思決定が 1 人でできるようになれば、一人前の段階です。意思決定を行うべき問題発見やその解決方法を考えることができます。

　一人前の段階を越え中堅の段階になると、意思決定を行う際により広い視野で物事をとらえようとします。また、他者の支援がなくても自分で物事を振り返り、業務の進め方を 1 人で改善することができるようになるのも、この段階の特徴です。さらにその進め方がうまくいくかどうかを推論する能力も身につけていきます。

　最終段階である熟達者の段階にいたった人は、その時々の状況を素早く見極め、直感的に適切な判断を行えるようになります。ただし、その

判断の根拠は言語化できるものとは限りません。経験をもとにした直感が根拠になることもあるのです。熟達者は言語化できない**暗黙知***を多くもっているといえるでしょう。**熟達化の 10 年ルール***と呼ばれるように、熟達者になるためには通常 10 年程度を要するといわれています（Ericsson 1996）。ただし、誰もが熟達者の段階に到達できるわけではありません。また、熟達化のペースは人によって異なります。

(4) 熟達化を促す経験を理解する

熟達者になるためには、良質な経験を積むことが効果的です。このような良質な経験は、**よく考えられた実践***とよばれます（Ericsson et al. 1993）。よく考えられた実践とは、①課題が適度に難しく明確であること、②実行した結果についてフィードバックがあること、③誤りを修正する機会があること、といった 3 つの条件を満たす経験のことをいいます（松尾 2011）。

よく考えられた実践は「考えられた」という表現からわかるように、指導者などの他者が、指導対象者の学習機会を設計する必要があります。指導者と指導対象者が日常的にコミュニケーションをとっていなければ、課題が指導対象者にとって適度に難しいかどうかはわからないでしょう。

適切なフィードバックを行うためには、指導者が指導対象者の状況を適宜観察しておかなければなりません。そして、誤りを修正する機会があるということは、失敗を許す状況をあえてつくることであるともいえます。そのためには、指導対象者が失敗しても指導者がフォロー可能な状態にしておかなければなりません。あるいは、業務フローの中で失敗を検出できるような業務を割り振ってもよいでしょう。たとえば、会議の議事録作成であれば、議事録の承認の前に直属の上司や議長の確認を受ける機会があります。こういった業務であれば、致命的な失敗をする前に修正することが可能でしょう。

第3章 指導者の役割と姿勢

1 指導者としての心構えをもつ

(1) 指導者としての意識をもつ

指導という言葉を聞くと、先生と呼ばれる職業についた人だけが行う活動と考える人は多いかもしれません。しかし、実は誰もが行っていることです。ひとたび親になれば、言葉、生活習慣、考え方など生きていくうえで必要なさまざまなことを自分の子どもに教えるでしょう。また、職場の中で後輩や部下ができたら、仕事の進め方を指導しなければなりません。

大学職員の職務においては、必ずしも指導が明示されているわけではありません。しかし実際には、ほかの職員を指導する機会は少なくありません。なぜなら、大学職員の多くの業務は、他者との協働を通して遂行するものだからです。職場に新任職員、非常勤職員、学生のアルバイトが配置された場合、人事異動でほかの部署から新しい職員が配置された場合など、大学職員は指導しながら業務を遂行していくことが求められます。実質的には指導は職務の中に含まれているといえます。まずは、自分自身が指導者であるという意識をもつことが大切です。

(2) 指導対象者は職場の仲間である

指導者が指導対象者に対して担う役割から、指導者と指導対象者には上下関係があるといえるでしょう。指導対象者は指導者からの指示を受

け、それにしたがうといった場面が多いためです。ただし、この上下関係は絶対的なものではありません。指導者と指導対象者が協力して、部署の業務にあたることもあるためです。また、主担当が指導対象者で、副担当が指導者になる業務もあります。普段の指導者と指導対象者との関係が、業務によっては逆転することもありうるでしょう。

　指導者は、指導対象者に対して上の立場であることを過度に強調するよりは、同じ職場の仲間でもあるという意識をもって接するとよいでしょう。そうすることで、職場における教え合いや学び合いの促進にもつながるのです。

(3)　職場全体で指導する

　指導というと、指導者と指導対象者の1対1の関係で完結しなければならないと考えるかもしれません。しかし、指導する知識や技能に関して、指導者自身が十分に教えることができない場合もあるでしょう。その場合、指導者は職場の仲間に指導を依頼するほうが適切です。指導における報告・連絡・相談を周囲と日常的に行っておけば、部署にいるほかの仲間から支援を受けやすくなります。

　指導者になったからには、指導対象者の指導に責任をもたなければならないのは確かです。しかし、責任をもつことと、すべてを1人で請け負うことは違います。指導対象者の学習に効果的であるならば、直接の指導を他者に依頼することがあってもよいのです。

(4)　指導対象者を理解する

　「最近の若手職員はダメになった」という声は、どの組織においてもよく聞かれます。確かに自分の世代と比較すると風変わりな一部の若手職員が目につくのかもしれません。しかし、それらの少ない事例をもとに若手職員全体の質が低下したというのは、論理の飛躍といえるでしょう。また、このように集団として特徴をとらえることにも問題があります。なぜなら、個々の職員がもつ多様な特徴を軽視しているからです。

適切に指導をするために、指導対象者個人の特徴をよく理解するようにしましょう。

　指導を始める前に、指導対象者が何をどの程度できるのかといった、学習に対する準備状況である**レディネス***を確認しましょう。指導者は、指導対象者のレディネスによって、指導の内容やレベルを考えなければなりません。レディネスは、指導対象者の日々の言動などの観察を通して把握することができます。また、指導対象者本人から聞き取ることもできます。たとえば、「前の部署でどのような業務をしてきましたか」「〇〇（今から指導すること）と似たような業務はこれまでにしたことがありますか」といった業務経験を尋ねてもよいですし、「〇〇をやれる自信はありますか」といったように自信の程度を聞いてもよいでしょう。

2　指導者の役割を理解する

(1)　知識・技能の活用を促す

　知識・技能の活用を促すことは、指導者に期待される基本的な役割です。まず、指導対象者にどのような成果を期待するのか学習目標を設定します。そして、学習目標にそって、指導者は指導対象者に対して業務に関する知識や技能を伝えます。知識と技能を伝える際には、単に言葉だけで説明するのではなく、実演をする、模範を見せる、自分の経験を伝えるなどの工夫をしましょう。たとえば、議事録の作成を担当させる場合、議事録の書き方を口頭で説明するのに加えて、前回の議事録の例を示したり、自分が最初に議事録を作成した際にどのような点で苦労したかを伝えたりするとよいでしょう。

　また、伝えた知識と技能の定着をはかるために、できるだけすぐに活用する機会を設けるようにします。すぐに活用しなければ、指導対象者は伝えられた知識と技能を忘れてしまいます。そして、伝えた知識や技能が適切に活用できているか進捗状況を確認し、指導対象者に**フィード**

バック*するようにしましょう。指導対象者は、フィードバックを受けることにより知識や技能を定着させやすくなります。

(2) 観察と参加の機会を与える

指導対象者は周囲を観察することによって、多くのことを学習しています。口頭で伝えられる知識や技能よりも、観察を通して学習することのほうが多いといえるかもしれません。たとえば、指導者の業務への取り組み方を観察することを通して、どのように業務へ取り組めばよいのかを学習していきます。日々、パソコンの画面だけ見て業務をしている指導対象者がいる場合は、指導者や同僚の行動を観察することの重要性を伝えましょう。また、指導対象者は、参加することでも学習していきます。たとえば、会議に参加する中で、議事の進行の仕方、席次などの明示的な知識だけでなく、対応の難しい発言への応答の仕方などの**暗黙知***も学習しています。このように観察や参加の機会を与えることも、指導者の役割といえます。

(3) 課題解決を支援する

指導者は、指導対象者の業務における課題解決について指導することもあります。このような課題解決に向けた指導の方法は、指導対象者の経験によって異なります。指導対象者の経験が浅ければ、指導者が課題解決に向けた業務に直接的に取り組み、指導対象者は補助的な業務を担うことになるでしょう。指導対象者は、補助的な業務の遂行を通して、業務に関する知識、情報収集・分析の方法、合意形成の方法、課題解決の手順などを学習していきます。

指導対象者がある程度経験をもっているならば、指導者は、**コーチング***のスキルを活用しながら、指導対象者の気づきを引き出し、指導対象者が実践する課題解決を支援していきます。十分に情報収集ができているか、原因を多角的な視点から分析できているか、解決策に漏れはないか、適切に解決策の検証ができているかといった視点から質問を行い、

課題解決を支援します。つまり、指導対象者の経験によっては、指導者は課題解決に向けた支援者としての役割を担うことが期待されます。

(4) 経験の振り返りを支援する

指導者は、業務における経験からより多くのことを学習できるように、指導対象者の経験の振り返りを支援する役割を担っています。経験の振り返りは、指導対象者自らが過去の具体的な経験から将来の行動の指針を構築するためのもので、過去の出来事のみを考えるのではありません。もちろん、振り返りは1人でも行うことができますが、他者からの問いかけがあって初めて気づくことや、自身の経験について他者に説明することを通じて振り返りが促されることもあります。

(5) 意識と意欲を高める

大学職員としての意識を育てることも指導者の役割です。指導対象者は、新任職員研修などの場で、大学職員としての心構えについて学習することが多いはずです。また、業務中に指導者から伝えられることもあるでしょう。しかし、意識は口頭で説明されるだけでは十分に身につけることはできません。指導者が模範として行動で示し、指導対象者が観察を通して学習できるようにしていきましょう。

また、指導者には指導対象者の意欲を高める役割もあります。指導対象者の意欲を高めるためには、指導者として2つの視点が重要です。1つは、業務において指導するうえでの工夫です。具体的には、適切な目標を設定する、業務の意義を伝える、業務に裁量を与える、フィードバックの機会を設ける、成功体験を積ませるなどです。もう1つは、指導対象者の長期的な**キャリア***の形成を促すキャリア支援です。キャリア支援を行うには、**メンタリング***の実施や、**ロールモデル***となる人の紹介といった方法があります。

3 指導者の姿勢を理解する

(1) 信頼関係を構築する

　人から何かを教えてもらう時、教えられる側は緊張感をもつものです。先輩に対して緊張せずに話せるようになるまでに時間がかかる人は多いのではないでしょうか。

　指導対象者が指導を受け入れやすいように、まずは信頼関係を築くようにしましょう。指導者側から積極的に声をかけ、指導対象者に信頼してもらうことが重要です。もちろん、指導者も忙しいため、なかなか話す時間がないこともあります。そのようなときは、「おつかれさま」「がんばってるね」と一声かけるだけでもよいでしょう。何気ない声かけも、指導対象者にとっては「自分のことを考えてくれている」と承認された気持ちになり、指導者への信頼につながります。

(2) 指導対象者の自律性を尊重する

　成人である大学職員の学習を支援するためには、指導対象者の自律性を尊重しましょう。指導の中では、大学職員はこうあるべきだといった

自分の価値観を話す場合もあるでしょう。それ自体に問題はありません
が、自身の価値観を指導対象者に押しつけたり、自分と異なる価値観を
否定したりすることは適切とはいえません。

　また、指導対象者とともに学習目標を設定したり、指導対象者に学習
方法を選択させたりすることも、指導対象者の自律性を尊重することに
なります。指導者のこのような行動によって、指導対象者の学習意欲を
高めることができます。

(3) 指導対象者が正しいという前提に立つ

　指導の結果、指導対象者に思うような成果が生まれなかった場合、原
因はどこにあると考えればよいでしょうか。自分は頑張って指導したの
だから、原因は指導対象者にあると考える指導者もいるでしょう。

　しかし、指導の目的は指導対象者の能力開発にあります。したがって、
指導対象者の能力を高めることができなかったという結果は、指導の目
的を果たせなかったともいえるのです。このように、指導の評価を、指
導を受ける側である学習者の成果によって判断する考え方のことを、**学
習者検証の原則**＊といいます（向後 2015）。学習者検証の原則は、学習
者が正しいという前提に立っています。学習者である指導対象者の能力
を高めることができなかった場合はまず、指導に改善の余地がないかを
考えるようにしましょう。

(4) 自分の教育観を客観視する

　これまで自分が受けてきた教育経験をもとに、人は自分なりの**教育
観**＊をもっています。教育観とは、教育に対する考えや信念のことをい
います。「厳しく指導したほうが指導対象者は伸びる」「のびのび育てた
ほうがよい」といったような、自分自身が考えるよい指導のあり方とも
いえるでしょう。指導者は自分の教育観を正しいものと考えているため、
自分の教育観に基づいた指導を行いがちです。しかし、その指導が指導
対象者の**学習スタイル**＊に合っているとは限りません。

コラム 「期待しても無駄」という意識を変える

　指導をしていて、「期待しても無駄だろうな」という言葉が頭をよぎった経験をもつ人もいるでしょう。私は学生を指導していますが、正直、このような言葉が頭をよぎることがあります。そのようなときは、学生時代に授業で習ったピグマリオン効果とゴーレム効果を思い出すようにしています。

　ピグマリオン効果とは、指導者から期待されていると学習者の成績が向上するという現象です。成績が向上する理由としては2つあげられます。1つは、期待している人に対して指導者が積極的にかかわっていくからというものです。期待している人に対しては、積極的にコミュニケーションをとったり、教育的な支援を行おうとしたりするようです。もう1つは、指導者の期待を学習者が感じるからというものです。学習者が指導者の期待を認識し、学習に対する意欲や行動を変化させるようです。反対に、指導者が期待していないと学習者の成績が低下する現象をゴーレム効果といいます。

　この2つの現象について、みなさんはどのように考えるでしょうか。ピグマリオン効果は、1960年代のアメリカの小学校での実験から明らかにされたものです。1960年代のアメリカの小学生と現代の大学職員には大きな違いがあり、大学職員の指導にはあてはまらないと考える人もいるかもしれません。しかし、私自身は、現代の大学教育や大学職員の能力開発、人材育成一般にあてはまるのではないかと考えています。

　「期待しても無駄だろうな」という思いが頭をよぎったときには、この2つの現象を思い出して欲しいです。

　指導者は、自分の教育観の特徴を理解し、客観視できるようにならなければなりません。そのためには、職場の仲間と教育に対する考え方を共有するとよいでしょう。自分の教育観の長所や課題を知ることができます。ただ、すべての人が自分の教育観を言語化できるわけではありません。教育観を言語化するのが難しい場合は、過去に指導した経験や指導を受けた経験を職場の仲間などと話し合うとよいでしょう。具体的な経験には、自分の教育観と関連する行動や態度が含まれるためです。自分あるいは他者の指導に関する経験を共有することは、教育観についての気づきを得る機会になりうるでしょう。参考になる考え方があるならば、自分の教育観を修正することにつながります。

(5) 指導対象者に対してもつ力を自覚する

　指導するからには、指導対象者と良好な関係を築きたいと考える指導者は多いでしょう。よい関係をつくるうえで注意しなければならないのは、指導者と指導対象者の力関係です。指導者は指導対象者を評価するという役割をもちます。たとえ、人事考課のような処遇に関する評価ではなかったとしても、評価する立場である指導者は、評価される側の指導対象者に対して何かをさせたりさせなかったりする力をもつのです。

　指導者がもつ力は、指導対象者の学習を促進する要因にも阻害する要因にもなります。たとえば指導者が「もっと詳しく調べて」と指導対象者に伝えれば、指導対象者はほかの人に言われたときよりも追加の情報を収集しなければならないという気持ちになるでしょう。指導者が冗談のつもりでした発言も、指導対象者には冗談に聞こえないかもしれません。

　少なくとも指導者は、指導対象者に対してもつ力に自覚的にならなければなりません。指導対象者に対する指示が動機づけや学習成果につながるものなのか、指導対象者の行動や態度を観察することにより判断するようにしましょう。

第4章 大学職員としての意識の向上

1 意識とその変容について理解する

(1) 意識は行動の原動力になる

　仕事において前向きに取り組める人と、そうではない人とでは何が違っているのでしょうか。その答えの1つになるのが仕事への意識です。私たちが何か行動を起こす時、その行動は何らかの意識を伴っています。仕事においても同様です。ある仕事に打ち込む時、その仕事ができるだけよく遂行できるように意識を向けています。これによってミスを防ごう、よりよい成果物をつくろうという目標の達成に向けて行動できるのです。

　その一方で仕事中であっても、意識が必ずしも仕事だけに向かない場合もあるかもしれません。たとえば私生活の不安があり、その日の業務が手につかないことは誰にでもあります。このような場合は意識が仕事とは別の方向に向いているといえるでしょう。

　このように一時的に仕事から意識が逸れていくことはやむを得ないことであるといえます。しかし、これが長期的になると組織にとってはもちろん、長く続く個人の職業生活にとっても不幸なことかもしれません。近年の傾向として、職業生活よりも私生活の充実を望む新社会人が多くなっています（内閣府編 2018）。もちろん私生活も大事ですが、人生の多くの時間を職業人として生きていくうえで、仕事に前向きに取り組む意識をもっておくことは、個人の人生の充実や自己実現にもつながるで

しょう。

　大学職員の業務の変化も意識の変化を求めています。教育学者の寺﨑は、「事務員をやめよう、職員になろう」と大学職員を対象としたセミナーやシンポジウムで 2000 年代から伝え続けています（寺﨑 2010）。この言葉には、大学職員に日常業務を効率的に処理するだけでなく、大学を広い視野でとらえて将来に向けた提案を積極的になるべきという意図が込められています。また、2017 年に改正された**大学設置基準***では、事務組織の役割が事務の処理から遂行に変わりました。法令でも大学職員は事務処理以上の役割を担わなければならないことが規定されたといえるでしょう。自己実現の達成、複雑な業務の遂行を目標とする大学職員の能力開発の中で、こうした仕事への前向きな意識を育むことが指導者にとって重要な役割となるのです。

⑵　意識は経験によって形づくられる

　仕事への意識を育むことが重要な役割であるとはいえ、その実行は極めて困難です。その理由は、まず意識が他者から直接観察できないことにあります。業務にしっかり取り組んでいるからといって、その職員が仕事に対して完全に前向きであるかどうかは判断できません。逆にミスが多くても、意識はきわめて前向きであるということも、特に初期の**キャリア***においてはよくあります。行動と意識は表裏一体ですが、行動から意識を簡単には評価できないことは注意するべきでしょう。

　また意識は他者からの働きかけではなく、その人が置かれた環境や経験の影響を大きく受けます。大学という組織は非常に大きく、個人の裁量がほとんど利かない場面も少なくありません。そのため業務で自分の力ではどうしようもない状況に何度もさらされていくうちに、はじめは仕事に対して前向きな意識をもっていた大学職員も、あえて高い意識をもたずに仕事に取り組むことを選択するようになってしまう場合もあるでしょう。

　裏を返せば、楽しみや達成感のある経験によってその人の意識は前向

きに変わる可能性があるということです。指導者が指導対象者の意識に働きかけるうえでは、指導対象者の経験をうまく活用する方法をまず検討するべきでしょう。

(3) 指導対象者の主体性を尊重する

指導対象者の意識を変えるように働きかける際には、指導対象者の主体性が尊重されなければなりません。指導対象者に対して一方的に「意識を変えろ」「仕事に前向きになれ」といった指導をすることは適切ではありません。指導対象者は意識を変えることではなく、命令への服従を目的としてしまいかねないからです。そうなると、指導対象者は不安や不満が募り反抗的になってしまったり、指導の手が離れた瞬間に元の意識に戻ってしまったりするでしょう。

指導対象者が仕事に対してどのような意識をもっているか判断しかねるときには、指導対象者を観察し対話することが欠かせません。仕事やキャリアへの考え方、私生活と職業生活のバランスに対する考え方などについて確認することが必要です。

(4) 職場環境が意識に及ぼす影響に注意する

職場環境は仕事への意識に大きく影響します。したがって指導者は、指導対象者が職場環境に対してどのように感じているかを見極めておかなければなりません。特に注意すべきなのは、指導対象者の個人の意識と、職場である大学組織との葛藤を感じている状況です。指導対象者の意見よりも組織の決定が優先されたり、必死に進めてきた業務が上司や他部署の介入で頓挫したりする場面などは、そのような葛藤を引き起こしやすいでしょう。

こうした葛藤は指導対象者にとって、痛みを伴う経験として意識を変容させる経験になる可能性はあります。しかし、「頑張っても無駄だ」「どんなに雑に終わらせても問題ない」と指導対象者が仕事に対して消極的になることもあるでしょう。指導者は声掛けなどを通じて様子を確

認したうえで、指導対象者があまりに消極的になっているようであれば、職場環境に問題はないかを検討するようにしましょう。

2　大学の一員としての自覚を促す

(1)　大学の一員になるとは

　指導対象者の仕事への意識を高めるためには、まず大学組織の一員であるとはどういうことなのかをわかってもらう必要があります。そのためには大学がどういった性格をもった組織なのか、その中で仕事を担うことはどういったことなのかを伝えていくべきでしょう。こういった指導は、指導対象者に大学への適応を促し、指導対象者の成員性を獲得するための支援ともいえます。

　成員性とは、その人がある組織の構成員であることを示す特徴のことを指します。たとえば、構成員に共通して受け入れられているふるまいや行動様式といったものです。成員性を獲得する過程を組織社会化といいますが、これは新たな組織に入ったときの課題となる場合があります。

　個人の組織社会化には、反抗、服従、創造的個人主義の3つのタイプがあるといわれています（シャイン 1989）。反抗とは、成員性として特徴づけられる組織の価値や規範をすべて拒絶するタイプです。服従は反抗とは逆に、すべての価値や規範を受け入れるタイプを示します。創造的個人主義とは、職場における重要な価値観や規範は受け入れながら、自分の信念に基づき創造的な思考や行動をとることもできるというものです。

　服従と反抗は、組織社会化の失敗とみなされることがあります。大学の目標達成と個々の自己実現の双方を能力開発の目的とすることからも、創造的個人主義を組織社会化の望ましいタイプと考えることができるでしょう。

　創造的個人主義を念頭に置いて指導する際には注意を払わなければな

らない点があります。それは、指導対象者が重要だと考える価値観や規範がどのようなもので、それが大学と指導対象者の双方にとって適切なものであるかどうかを考えるという点です。そのためにはまず、指導者自身が大学で認められている価値や規範とは何かを理解し、自分の考えをもたなければなりません。そのうえで指導者は、指導対象者の価値や規範に対する認識がどのようなものであるかを見極め、指導すべきかどうかを判断するとよいでしょう。

(2) 大学がもつ多面性の理解を促す

大学は複雑な組織です。そのため職員は、大学を多面的にとらえる視野をもっておくべきでしょう。たとえば大学の業務は、経営面と教育面の双方の視野をもって遂行しなければなりません。活動の成果を金銭面だけの基準で測るのは適切とはいえません。教育効果や研究成果といった効果も考慮に入れなければならないためです。一方で、外部研究費の獲得や企業などとの連携に見られるような、市場経済との関係も決して看過できません。

今度は組織運営という面に目を向けてみましょう。大学では経営を行う部署と教育支援を行う部署は別々に構成されるのが一般的です。そのため、企画や財務といった経営に近い部署にいる職員は教育の視点に、教務や学生支援といった教育支援を行う部署にいる職員は経営の視点に気づかないこともあります。

ほかにも、大学のとらえ方にはいくつかの視野があります。たとえば、全学的な視野もあれば部署や学部・学科単位などの視野もあります。教育であれば正課教育と正課外活動、教員であれば専任教員と非常勤講師、学問分野であれば理工系と人文・社会科学系といった分け方もあります。留学生、社会人学生、障害のある学生など、多様な学生にも目を向ける必要もあります。

こうした大学組織の多面性を知っておくと、同じ問題であってもどの立場から考えるかによって真逆の答えが出てしまう可能性があると認識

することができるでしょう。この多面性を知ることは、指導対象者が自分の仕事の位置づけを前向きに解釈することに役立つでしょう。

⑶　社会的責任に気づく機会をつくる

　大学は教育や研究を通して社会に貢献する使命をもっています。それに伴い教職員は社会的責任をもっていることを自覚し、社会への奉仕者という姿勢をもつことが求められます。

　大学職員は仕事においてさまざまな企業や自治体などとかかわります。売り手ではなく買い手の立場として、取引先の企業に対して上から目線で対応する大学職員がいるかもしれません。もし指導対象者がこのような態度を取っていた場合、指導者は丁寧な言葉づかいや身の振る舞い方を指導しなければならないでしょう。

　また、大学職員にも営業活動に近い仕事があります。たとえば、入試広報の一環で高等学校などを訪問することがあります。就職説明会などで企業の人事担当者に協力を仰がなければならないときもあります。最近は、寄附金を集める活動や事業会社をつくる活動も盛んになっています。こうした業務を行う際にも、適切な態度をとれるようになっておかなければならないのです。

　大学は多面的な組織ですが、どの部署の業務であっても、何かしらの形で社会的責任を負っている自覚は求められます。指導者は指導対象者にその自覚を促すことで、真摯に業務に取り組む態度を育むと同時に、その業務の社会的なやりがいを見い出させることが可能になるでしょう。

⑷　学生から見られていることを伝える

　大学職員は、大学の映し鏡として見られます。もし学生が窓口で言葉遣いの悪い大学職員と話した場合、個人ではなく大学の窓口の対応が悪いと思うおそれは十分にあります。実際に、学生は大学職員の業務をしっかりと見ています。卒業生や在学生に対する調査を行うと、自由記述に大学職員の業務の仕方や態度に対する不満を寄せる声が散見されて

いないでしょうか。過去には、教務系窓口に対する満足度が 25％から50％程度であったという調査結果を公表している大学もあります（小西 2008）。

　大学職員は学生にとってキャンパス内で身近に接する社会人であり、組織の中で働く姿を見ることのできる数少ない存在でもあります。指導者は、指導対象者に学生からどのように見られているのかを伝えるようにしましょう。

(5)　大学への愛着を育む

　大学に対する愛着を育んでいくことも、業務に対する意識を高めることにつながります。職業生活の中で、職場を悪く言うことは誰にでもあるでしょう。もちろん、是正すべき文化や課題はいずれの職場にもあるでしょう。しかし、自分の職場の悪い点だけでなく、よい面をとらえようとすることは重要です。職場への愛着は仕事への姿勢を前向きにする大きな要因だからです。

　好きな施設や設備、各学部のカリキュラムのよいところ、興味深い活動を行う学生など、学内のさまざまなよいところについて話をする機会をつくるとよいでしょう。学園祭などのイベントに参加してもらうのもよいかもしれません。また施設や設備であれば、指導対象者に実際に利

用してもらったり、施設や設備を管理する大学職員に活動内容を尋ねる機会をつくるのもよいきっかけになるかもしれません。

　また、大学の歴史を知ることも重要です。建学の精神や大学の理念が生まれた背景は何か、創立者は教育に対してどのような思いを抱いていたのかなどについて知ることで、現在にも通じる学内文化や規範の理解にもつながります。大学の理念に共感した大学職員は、大学への愛着を高めるでしょう。もちろん、すべての大学職員が共感するわけではありません。しかしその場合であっても、指導者が大学の理念のよい点や大事にしなければならない理由を指導対象者に伝えるべきでしょう。

3　指導対象者の意識の向上を促す

(1)　働くことに納得した姿を見せる

　親身に相談にのっていた学生が経済的理由で退学をしてしまったり、長時間かけて**教職協働***で作成した競争的資金に採択されなかったりするなど、大学職員の仕事には苦労が報われないこともあります。組織の一員としての自覚をもてたとしても、日々の業務の中でそれだけでは割り切れない思いを抱くことも多いものです。こういった思いとどのように付き合っていくかはすべての職業人にとっての課題であるかもしれません。中堅以上であっても、この課題から逃れるために、あえて仕事に労力をかけず、必要最低限の指示された仕事に終始しようとする職員もいるでしょう。

　指導者の立場としては、指導対象者の今後のキャリアのためにも、まず働くことのしんどさや大変さに対してある程度受け入れる態度をもつように促す必要があるでしょう。一方で、指導対象者の心理的安全に十分配慮するという前提がなければなりません。心身への過度の悪影響や倫理にもとるようなことはあってはなりません。指導対象者が SOS を出せる環境を、指導者は用意すべきでしょう。

そうした前提があったうえで、仕事に対して納得して取り組んでもらえるように働きかけることが重要です。このためには指導者自身が**ロールモデル***としてその姿を見せることが有効でしょう。時には指導者がもつ葛藤を示してもよいかもしれません。葛藤は職業人の意識の変容を促す契機となるからです。

(2) 指導対象者の意識を出発点にする

指導にあたっては、指導対象者が現状もっている意識を出発点に考えることが基本です。たとえば、学生対応を教育の機会であると考える大学職員もいれば、サービスの一環であるとみなす大学職員もいるでしょう。どちらも誤りとはいいがたいため、指導者と指導対象者で異なる意識をもっていると、指導がうまくいかないことがあります。こういった場合、指導者は指導対象者を自分の考えに近づけようとする前に、指導対象者の考えを理解しておくべきです。そのうえで「こういう考え方もある」といった意識の選択肢の幅を広げるような指導を行うのが適切でしょう。

また、いわゆる「意識高い系」とよばれる大学職員の指導にあたることもあるでしょう。このような大学職員は、研修の受講など知識の習得には力を入れる傾向にありますが、能力開発の目的を自己実現に偏って理解しがちです。このとき、指導者は指導対象者に対して能力開発を止めるのではなく、指導対象者がもつ高い学習意欲を活かすべきでしょう。指導対象者が学んだことを業務に活かせる機会をつくるなど、大学の目標達成につなげられないかどうかを、指導者は考えるほうがよいでしょう。

(3) 与えられた仕事の本質的な理解を促す

指導対象者の意識の向上を促すには、与えられた仕事の本質的な理解を促すことが重要です。本質的な理解とは、今携わっている仕事が組織にとってどのような意味があるのか、次は誰の手にわたってどのように

処理されるのか、そのためにここで最低限何をしておかねばならないのかなどを理解することです。仕事がルーティン化されるとこうしたプロセスや組織文脈はないがしろにされることがあります。しかし、一つひとつの仕事について本質的な理解を深めることで、その意義に気づき、前向きに取り組みやすくなるのです。

仕事の本質をとらえてもらうために指導者は、指導対象者に現状の自分より上の職位からその仕事について考えてもらう機会をつくることができます。たとえば、指導対象者に会議などさまざまな意思決定の場に参加してもらう方法があります。ただし、その場合は正式な構成員ではなく陪席者として出席することになるため、指導対象者が会議中に発言する機会はないかもしれません。しかし、その会議が終わった後に、「さっきの会議での議論、あなたが議長ならどのように考える？」と指導者が問いかけることで、指導対象者にとっては少し上の職位の立場で考える機会となります。経験や知識の不足から十分な答えは期待できないかもしれませんが、指導対象者が仕事のとらえ方を変える機会になる可能性があります。議長に限らず、役職が一段階、二段階上の上司であったらどう考えるか、教員であったらどう考えるか、といった形で応用することができるでしょう。異なる他者の立場に立って考える機会をつくることは、仕事の本質的な理解を促し、将来、昇進などに伴い立場が変わったときに活かすことのできる経験にもなります。

(4) 前向きなものの見方を伝える

経験の少ない指導対象者は物事の一面しか見えていないことがあります。特に物事の悪い面や否定的な面に注目しすぎている場合は、本来の力を発揮できなくなったり、仕事に対する意識を低下させたりするおそれがあります。このとき指導者は、指導対象者に前向きなものの見方があることを伝えるようにしましょう。

ものの見方を違う枠組みでとらえることを、**リフレーミング**＊と呼びます。たとえば、指導対象者が「私が担当する仕事が多くて困る」と否

> **コラム　前向きではないリフレーミングもある**
>
> 　入職から数年経った頃、私は残業が多くなっていても「今が成長するチャンスだ」と考えていました。業務内容そのものには関心があり、特に指導を受けなくても業務に対して前向きになれていたのです。そういった状態が続き、少しずつ体調がすぐれない日が増えてくるようになりました。上司からの心配の声かけに「まだ大丈夫です」と答えたところ、「『まだ』ってことは、もうすぐ大丈夫じゃなくなるってことだよ」と言われ、ハッとしました。
>
> 　上司がそのように声をかけたのは、私の体調が悪そうに見えたことも理由の１つなのですが、実は業務でも細かいミスが増えており、私自身がそれに気づいていないことに心配したからであったそうです。上司から前向きの反対、つまり「後ろ向き」のリフレーミングをされることによって、状態がよくないと気づくことができたのです。それ以来、体調を崩すほど無理しないように心がけるようになりました。
>
> 　業務で失敗しても「それほど大きな失敗ではない」「次にやり直せばいい」と考える指導対象者がいるかもしれません。前向きに考えること自体は悪くないのですが、指導対象者が反省せずに失敗を繰り返すのは避けなければならないでしょう。指導対象者の反省を促す場合は、「小さくても失敗は失敗だから、同じ失敗を繰り返さないようにするための方法を考えなければならないよ」と後ろ向きのリフレーミングを活用してもよいのかもしれません。

定的な気持ちになっていれば、思いに共感しつつも、「職場があなたに期待していることの表れですよ」と前向きな見方があることを伝えることができるでしょう。また、「自分は業務をうまくこなせなくて嫌になる」という指導対象者には、「早く一人前になりたい気持ちが強いからこそそのように思えるのですよ」と伝えることができるでしょう。

(5)　仕事の楽しみ方を伝える

　仕事の楽しさについて、指導対象者の認識を転換させる必要も時にはあります。すべての仕事にはそれぞれ楽しみ方があるとわかってもらうことであるともいえるでしょう。ある仕事のおもしろさを決めるのは、仕事に携わる自分であるという心構えをもってもらうのです。

　仕事の楽しみ方にはいろいろなものがあるでしょう。単純な事務作業

であっても、「○○の速さと正確さなら誰にも負けない」とゲームのように競いあって楽しむこともできますし、専門性が求められる業務ならば「○○の知識についてたくさん知りたい」と知識探求においても楽しみを見い出すことができるかもしれません。多くのステークホルダーの間にあってうまく動きがとれないような仕事に携わっているときには、「学内の力関係はこんな風に動いているのか」とあえて客観的な立場に立って環境を楽しむことで、組織の見方を得る機会ともなります。さらに、業務改善という視点で業務の方法を効率化することに楽しみを感じることもあるでしょう。

　どういった楽しみ方であれ、その種類を多く知ってもらうことで、苦境にあっても仕事への動機づけにつながる可能性があります。指導対象者が仕事の楽しさを自分で作り出せる大学職員になってもらうよう、指導者は働きかけるようにしましょう。

第5章 学習目標の設定

1 学習目標を設定する意義を理解する

(1) 業務目標と学習目標を整理する

　部署の業務では、「今年度のオープンキャンパスの費用を5％低減する」といったような業務目標が設定されていることが多いのではないでしょうか。部署として業務目標が設定されていると、所属している大学職員は、費用低減に対する意識を高めるでしょう。また、部署としての業務目標を達成するために「配付するノベルティの費用を10％低減する」といったような個人としての業務目標を設定しやすくなります。

　業務と同様に、学習についても目標を設定することは重要です。特に職場での学習においては、業務目標と学習目標の関係を整理しておかなければなりません。個々の大学職員の学習目標の達成が、部署の業務目標の達成につながることはあります。しかし、そうでない場合もあります。なぜなら、長期的には業務を成功に導く学習であっても、短期的には業務の妨げにもなりえるからです。業務について学ぶ機会だけを重視して、業務目標が達成できないのは問題です。一方、業務目標の達成だけを重視して、すでにできることだけを任せ、新たな業務について学ぶ機会を提供しないのも問題です。そのため指導者は、業務目標の達成と個々の大学職員の学習目標の両方に配慮しなければなりません。

(2) 学習目標は学習と指導の指針となる

学習目標は、指導対象者の学習の方向や到達点を示すものです。学習目標を明確に示すことにより、指導対象者は何を身につけるために学習するのかを理解します。学習目標がわからないと、指導対象者は何から始めてよいかわからず不安を感じてしまうでしょう。

また、学習目標を定めずに指導を始めると、指導者の指導内容が場当たり的になったり、無関係な内容が入り込んでしまったりすることがあります。しかし指導者が学習目標を意識することにより、指導対象者に何を教えなければならないかが明らかになります。学習目標を明確にすることは、指導対象者と指導者の双方に利点があるのです。

(3) 目標設定は学習意欲の向上につながる

学習目標は学習意欲に大きな影響を与えます。学習意欲を向上させる学習目標の重要性を指摘しているのが**目標設定理論***です（三浦 1996）。目標設定理論では、意欲を向上させる目標を設定するための指針として、次の3つが示されています。

本人が納得した学習目標

指導対象者が納得していない学習目標では、自分が達成すべきことだと思えず、やらなくてもよいと感じてしまいます。自分のものとして受け入れることのできる学習目標を設定しましょう。

具体的な学習目標

「一人前の大学職員になる」「うまく学生に対応する」といった曖昧で大きな目標では、具体的に何をしていくべきかわかりません。「委員会の議事録案を作成できるようになる」や「カウンセリングの技法を取り入れた学生対応を実践できるようになる」といった、具体的な学習目標を設定することで、学習目標を達成しようという意欲につなげることが

できます。

頑張れば達成できる学習目標

　自分の能力と比較して簡単に達成できる目標の場合、人は努力をしようとしません。反対に、高すぎる目標であれば、達成する見込みをもてず、達成をあきらめてしまいます。今できることよりも少し難しい、頑張れば達成できる目標を設定することで、人は工夫や努力をしようとするのです。

⑷　目標があるから評価できる

　明確な学習目標が示されれば、達成できるようになったことと、達成できなかったことについて、指導者は指導対象者に根拠をもって示すことができます。指導対象者は、自分が身につけた能力を自覚し、学習目標に達成していない部分について改善を図ることができるようになります。

　指導や学習がうまくいったかどうかを判断するために、基準を定めておくとよいでしょう。決められた基準が指導者と指導対象者の間で共有されれば、学習目標に達したのかどうか、指導者と指導対象者の齟齬がなくなります。評価結果に指導対象者が納得すれば、指導者はその後の改善に向けた努力を促すことができるでしょう。さらに指導対象者が自身の能力を**自己評価***できるようにもなるでしょう。

2　学習目標を検討する

⑴　学習目標には考慮すべき視点がある

　指導者が新任の大学職員に対して「最初にクレーム対応について学習すべきだ」と考えていたとしても、大学としては先に文書作成や学内規則に関する知識を学習してほしいと考えるかもしれません。指導対象者

の学習すべき内容について、指導者の方針と大学の方針が一致しない場合もあります。このとき、どちらが正しいと一概に言うことはできません。

また、大学が用意する研修の時期を待たずして、業務でクレーム対応が必要になる場合もあるかもしれません。この場合は指導者の考えを反映させて学習目標を設定しなければならないでしょう。

つまり、学習目標の設定においてはさまざまな視点を考慮しなければなりません。具体的に考慮すべき点とは、大学、指導対象者、指導者の3者の視点です。ただし、大学といっても人事部門の視点もあれば、所属部署の視点もあることには注意しなければなりません。このようなさまざまな視点を考慮し、どの立場からみても納得できる学習目標になっているかを確認するようにしましょう。

(2) 大学が求める能力から検討する

職場における指導の第1の目的は、指導対象者が業務を適切に遂行できるようになることです。大きな視点でとらえると、職場での指導は、組織としての育成計画の一部であるともいえます。そのため、大学がどのような大学職員を育成しようとしているのかについて、指導者は理解しておかなければなりません。

目指すべき大学職員像や育成計画が大学で定められている場合は、関連資料を読み、その内容を踏まえるようにします。そのような資料がない場合は、大学全体の事業計画などを踏まえて、大学が求める能力が何かを考えるとよいでしょう。上司がどのような育成方針をもっているかといった情報も参考になります。

指導対象者に大学が求める能力について考えてもらおうとするのであれば、役職や職階に求められる能力について尋ねてみる方法があります。その際、大学が求める職員像の文言を暗記しているか確認するのではなく、「主任に求められる能力で特に重要だと思うものは何ですか」といったように、大学が求める能力に対する指導対象者自身の解釈や考え

を尋ねるほうがよいでしょう。

(3) 指導対象者の能力や希望から検討する

　指導者は、指導対象者のもつ予備知識や能力を指導前に確認しておきましょう。指導対象者は何も知らない状態から学習を始めるわけではなく、それまでの学習や仕事の経験から得た知識や能力をもっているためです。また、指導対象者がどのようなことに興味を抱いているのか、大学職員としてどのような**キャリア***を希望しているかなどといったことも関心をもちましょう。本人に直接尋ねたり、指導対象者のことに詳しい人事課などの職員に確認したりする方法があります。

　指導対象者本人に能力を確認する場合には、注意が必要です。それは、指導対象者本人が正しく自分の能力を評価していない場合があるためです。とりわけ、能力の低い人が自分の能力を高く評価してしまう傾向があります。このことを、**ダニング・クルーガー効果***といいます。

　学習目標を定める際には、指導対象者と相談しながら決めることも重要です。他人に一方的に決められた学習目標に対して、多くの人は高い意欲で取り組めないからです。目標設定理論でも指摘されているように、人は自分が納得した目標に対して意欲的に取り組もうとします。そのためにはまず、指導対象者が主体的に学習目標を考えることが重要です。指導者が学習目標の提案をするよりは、指導対象者が提案した学習目標に対して助言するほうが適切でしょう。

　もし指導対象者が目標の設定に悩んでいる場合であっても、具体的な提案をするのではなく、学習目標の立て方を中心に助言するようにしましょう。「1年後に何ができるようになっていたいですか」と問いかけて、指導対象者の思考を刺激する方法もあります。さらに、「では、10年後はどのような職員になっていたいですか」と、長期的な視点を尋ねてみてもよいでしょう。このように指導者は、指導対象者に対して学習目標を考えやすくするためのきっかけを与える役割を担うこともあります。

⑷ 指導者の視点から検討する

　学習目標を考える際には、指導者の視点も重要です。指導者は、どのような学習目標を立てたらよいのかについて、これまでの経験から得た考えをもっています。また、業務においてどのような能力が本質的に重要であるかについても考えがあるのではないでしょうか。そのような指導者自身の経験や考えを学習目標に反映することができます。そうすることで、指導対象者だけでなく指導者にとっても納得した学習目標になるのです。

3　学習目標を明確にする

⑴　指導対象者を主語にする

　学習目標を明確にする際には、学習目標の主語を指導対象者にするようにしましょう。たとえば、「○○について教える」や「××について指導する」といったものは、指導者を主語にした表現です。指導者を主語とした表現では、指導対象者が何を目指すのかが明確になりません。また、学習したことの評価や**フィードバック***も難しくなってしまいます。指導対象者が到達すべき目標を具体的に理解できるように、指導対象者を主語にして学習目標を示すようにしましょう。

⑵　具体的な行動の形で目標を示す

　指導の後に指導対象者が何をできるようになっていてほしいのかを、具体的な行動の形で表現すると、学習目標はより明確になります。たとえば、「○○について覚える」や「××について理解する」といった表現は、覚えている状態や理解した状態を目指したものであり、その結果できるようになることを明確に示していません。「○○について説明することができる」や「××の書類を作成することができる」といった表

> **コラム　履修主義と修得主義に注意**
>
> 　私の部下や後輩から能力開発について目標を聞いてみた時、「英語で書かれた本を読む」「内部質保証システムに関する研修を受講する」といった回答を聞くことがありました。もちろん、読書による知識の獲得や研修の受講は能力開発の目標になりうるのですが、違和感を覚えました。私自身、英語や簿記の研修を受講したものの、英語が十分に聞き取れなかったり、仕訳のための勘定科目がわからなかったりすることがあったためです。
>
> 　そのようなときに出会ったのが、履修主義と修得主義という２つの考え方です。大学教育でも「何を学んだか」より「何ができるようになったか」が重視されるようになりましたが、前者が履修主義、後者が修得主義に基づく考え方といえます。私は、履修主義に基づく目標設定に対して違和感をもっていたのだと気づいたのです。たとえば、履修主義では「研修を３回以上受講する」といった目標の立て方がなされます。目標達成の指標になるのは、学習の場に参加した回数です。履修主義に偏った目標設定になると、そこで身についたことは問われないというリスクが生じてしまいます。
>
> 　こういったリスクを避ける目標設定をするには、行動目標に落とし込むことがもっとも重要だと考えます。そうすれば履修主義だけでなく、修得主義を踏まえた目標設定にすることができるでしょう。たとえば私は、指導の場面においては「その研修を受講して何ができるようになりたいのか」と指導対象者に尋ねるようにしています。

現に変えると、何ができるのかが明確になります。

　学習した結果をどのような場面で活用できるのかは、「○○ができる」といった表現で示すと明確になります。また、「○○ができる」といった表現で示した目標は、外部から観察が可能になるため、学習の成果を評価することが容易になります。

(3)　条件、程度、期限を設定する

　学習目標を明確にするためには、条件、程度、期限を設定することが効果的です。たとえば「議事録案を作成することができる」という学習目標には改善の余地があります。「次回の会議日までに、会議の主要な議論の内容がわかるような議事録案を、１人で１時間以内に作成することができる」とすると、「次回の会議日までに」「会議の主要な議論の内

容がわかるような」「1人で」「1時間以内で」といった条件、程度、期限が加わり、到達目標がより明確になります。

4　目標に向けて行動を促す

⑴　GROW モデルを理解する

　学習目標を設定したのであれば、それに向けた行動を取らなければなりません。しかし、指導対象者はどのような行動をとれば目標に近づくことができるのかわからない場合もあります。行動の方法がわからないと、目標を達成しようとする意欲も向上しにくくなってしまいます。

　指導対象者が目標達成に向けた具体的な行動を考えたり、行動を起こすための意思を固めたりするために、指導者はどのような支援ができるでしょうか。その指針となるのが、**GROW モデル***です。GROW モデルは、Goal（目標設定）、Reality（現状把握）、Option（方法の選択）、Will（目標達成の意思確認）の順番で、学習への準備を行っていくものです。

　表5-1は、GROW モデルの順番にそって、目標に向けた行動を促す質問例を示したものです。GROW モデルに基づく指導では、基本的に指導者が指導対象者に質問を投げかける形で進めます。指導対象者自身が、目標やその達成に向けた質問に答えることにより、目標達成に向けた動機づけを促すことにもつながるのです。

⑵　目標と現実のギャップを明確にする

　指導対象者が目標をなかなか達成できない場合、目標と現実に何らかのギャップがあるはずです。目標を達成するためには、このギャップとは何かについて考えなければなりません。

　まず、学習目標に対して、指導対象者がどの程度の能力をもっているかを確認しましょう。過去の経験のような指導対象者が説明しやすい情

表 5-1　GROW モデルに基づく質問例

目的	質問例
Goal（目標設定）	「この業務で達成したいことは何ですか？」 「何をできるようになりたいですか？」
Reality（現状把握）	「人員や物品などで不足していることはありませんか？」 「今の時点では、どの程度できていますか？」
Option（方法の選択）	「業務を進めるスケジュールや役割分担はどうなっていますか？」 「OJT、Off-JT、自己啓発の機会をどのように活用しますか？」
Will（目標達成の意思確認）	「このまま進めて問題はなさそうですか？」 「いつから学習を始めますか？」

出所　筆者作成

報に加えて、「今の時点では、どの程度できていますか」と尋ね、指導対象者が自己評価できるように誘導します。

　また、学習目標の達成に必要な資源をどれだけ準備できそうなのかも確認します。ここでいう資源とは、学習にかけられる時間、教材や道具、予算といったものです。これらが不足しているのであれば、指導者が何らかの形で補えるかどうかを検討すべきです。たとえば研修や書籍を紹介したり、予算を補助するような能力開発の制度の活用を促進できたりしないか考えてみましょう。

　目標と現実のギャップを埋める見通しが立たない場合もあります。学習したいと考えている指導対象者であっても、家庭の事情があって学習時間がとれない、職場の人間関係で悩みがある、といったように学習を進めるのが難しい状況は十分に想定されます。このような場合は、設定した学習目標を見直すところから始めるようにします。

(3)　複数の選択肢から最適な選択をする

　目標達成に向けた方法は1つとは限りません。指導者はまず、指導対象者が目標達成に向けて何をどのように取り組もうとしているかを理解するようにしましょう。「目標達成のために学習すべきことは何ですか」「目標達成に近づくには、誰の協力を得るべきでしょうか」といったことを尋ねます。

　最適な方法を選択するためには、ある程度多めの選択肢があるほうが望ましいでしょう。「ほかの方法はありませんか」「大学の図書館で役立つ本はありませんか」「学外の研修で役立ちそうなものはありませんか」というように、多くのアイデアが出せるように促してみます。指導対象者が自分でアイデアを出すのが難しそうであれば、「たとえば○○することはできますか？」と指導者側から選択肢を提案してみてもよいでしょう。

　どの選択肢を選ぶかについては、予算や時間などの観点から判断基準をいくつか決めておくようにします。効果的な学習方法であったとしても、高額で長時間を要するものであれば、選択肢から外れるかもしれません。費用対効果や、指導対象者の負担や業務の状況などを考慮しつつ、最適な選択を促すことが重要です。

⑷　目標達成に向けた意思を確認する

　何をするかが決まれば、目標達成に向けた行動をとることを指導対象者が決意できるように導きます。「いつから始めますか」「最初に何をしますか」「いつまでに完了しますか」といったように具体的な行動について確認しておくとよいでしょう。

　また、途中経過を報告するタイミングや、計画とのズレが生じたとき

の体制といったような、報告・連絡・相談の方法についても、あらかじめ指導対象者と指導者の間ですり合わせておきます。目標達成に向けた意思確認は、指導対象者にとっての決意表明であるとともに、指導者が指導対象者を目標達成まで送り届けるための宣言でもあるのです。

第6章 業務を通した指導

1 職場での指導の方法を理解する

(1) 「見て覚えろ」か「手取り足取り」か

「業務は見て覚えろ」と言われたことはありませんか。指導対象者に直接指導することなく、本人に学習を一任するという方法です。職人の世界ではこのような指導をする人もいるでしょう。しかし、大学職員の場合、指導対象者に学習の責任のすべてを依存する指導は適切ではありません。そのような放任した指導では、指導対象者の学習が進まず、指導者が代わりに業務を担当しなければならなくなるおそれもあります。

一方で、「手取り足取り」という言葉もあります。指導者が指導対象者に対して業務の細かい所まで指導するという方法です。このような丁寧な指導の実現は、自分の業務をもつ指導者にとって難しいといえます。一人ひとりの成長にじっくりと手間と時間をかける余裕をもつ大学職員は多くないでしょう。また、あまりにも細かすぎる指導では、指導対象者が自分で考える余地がなくなり、業務への主体性が育たなくなるおそれもあります。職場で指導する OJT* には、指導対象者の主体性を尊重しながら支援することが求められているのです。

(2) 計画的に指導する

指導者は計画的に指導対象者を指導すべきものです。行き当たりばったりではなく、指導対象者の学習目標、学習期間、学習計画、評価方法

などを明確にしていきましょう。指導計画を OJT 計画書としてまとめるという方法もあります。指導者と指導対象者が能力開発の進め方の共通認識をもてるようにしましょう。

　実際には部署に急な業務が入ったりして、指導対象者の学習が計画通りに進まないこともあるでしょう。だからといって指導計画をつくることは無駄であるというわけではありません。事前の計画があるからこそ、状況次第で適切に計画を見直し修正していくことができるのです。

(3)　継続的に指導する

　職場での指導は継続的に進めるべきものです。1 日ですべての業務が指導できるものではありません。指導者は指導対象者に継続して働きかけていくことで、徐々に指導対象者の能力を高めていくことができます。指導者は長期的な視点で指導対象者の学習や成長を見守り、適切なタイミングで指導や助言をすることが求められるのです。

　職場では指導対象者の業務の進め方を観察することができます。指導した通りに業務を進めているか、締め切りまでに業務が終わりそうかなどは、観察や問いかけによって確認することができます。また、指導対象者の業務や学習を進める意欲なども確認しましょう。これらは、研修講師にはできないことであり、現場で指導する OJT の強みといえるでしょう。

(4)　認知的徒弟制を理解する

　業務を通じた指導は、教員と学生の間の教育とは異なります。業務を通して指導する際には、**認知的徒弟制***のモデルが参考になります（Collins et al. 1989）。認知的徒弟制は、**正統的周辺参加論***と同じように伝統的な**徒弟制***の中での親方と弟子のかかわり方を踏まえて、さまざまな学習環境で活用できる能力開発を促すモデルです。

　認知的徒弟制では、4 つの段階にそって知識や技能などが継承されると考えられています。第 1 の段階は**モデリング***と呼ばれ、指導者が指

表 6-1　認知的徒弟制における 4 つの段階

モデリング	指導者が手本を示し、指導対象者は観察する
コーチング	指導対象者が実際にやらせて、指導者が観察し助言を与える
スキャフォールディング	指導対象者がやりとげるように、必要に応じて指導者が支援する
フェーディング	指導対象者が 1 人でできるように、指導者は徐々に支援を減らす

出所　Collins et al.（1989）より筆者作成

導対象者に手本を見せ観察させます。第 2 の段階は**コーチング***と呼ばれ、指導対象者に実際に業務をやらせてみて、指導者が観察し助言を与えます。第 3 の段階は**スキャフォールディング***もしくは足場かけと呼ばれ、指導対象者が 1 人で業務をやりとげることができるように、必要に応じて指導者が支援します。最後の第 4 の段階は**フェーディング***と呼ばれ、指導者は徐々に支援を減らしていき指導対象者が 1 人でできるようにします。

　認知的徒弟制のモデルの特徴は、指導者が指導対象者に一方的に提供するものではなく、指導者と指導対象者の間のさまざまな相互作用を段階的に変化させていくことによって、指導者が身につけている業務の方法を指導対象者に習得させていく点にあります。このモデルは、「見て覚えろ」と「手取り足取り」の両方の優れた点を組み合わせてつくられているといえるでしょう。

2　業務の方法の理解を促す

(1)　業務の全体像と意義を伝える

　認知的徒弟制を踏まえて、業務を通して指導する方法を大学職員の文脈で考えてみましょう。まず、指導対象者に新しい業務に取り組ませるときには、業務の全体像と意義を理解してもらうことが重要です。たとえば、学生のアンケートの集計をしてもらいたいときには、その学生のアンケートは何のために行っているのか、集計したデータはどの会議で

報告されるのか、どのような意思決定に活用されるのか、どのように報告書として公開されるのかといった全体像を説明するとよいでしょう。全体像を理解すると、自分の担当する業務の位置づけや意義がわかり、業務のポイントを自分で考える手がかりになります。

　また、大学にとっての意義だけでなく、指導対象者自身にとっての意義も理解してもらうとよいでしょう。取り組ませる業務を身につけることができれば、ほかのどのような業務に応用できるのか伝えるとよいでしょう。たとえば、将来企画部門での勤務を希望する指導対象者に対しては、アンケート分析が新たな事業の企画や評価において重要な役割を果たすことを伝えると、指導対象者の業務に対する意欲の向上につながるでしょう。

(2)　業務の手本を示す

　業務を指導する際には、細やかに方法を説明するよりも、認知的徒弟制のモデリングのように手本を視覚的に見せることが効果的です。「百聞は一見に如かず」という言葉の通り、聞くだけではなく、実際に見てみないとわからないものです。武道の世界でも「見取り稽古」という言葉があるように、ほかの人の技を観察して自分の技を身につけていく方法は一般的です。業務の方法の中には**暗黙知***のように言葉にしにくい部分が含まれることがあるため、視覚的に手本を示すことで指導対象者の理解を促すことができます。

　学生のアンケートの集計であれば、設問の1つだけを取り出し、表計算ソフトでデータの集計方法を示してあげるとよいでしょう。そのときは、指導者の通常のペースで進めるのではなく、ゆっくりとした動作でわかりやすく見せましょう。議事録のまとめ方であれば、指導者が会議でのメモの取り方、議事録案の書き方、議長との内容の確認方法を実践して、指導対象者に見学する機会を与えるとよいでしょう。

　手本を示す際には、指導対象者に自分でもできそうだと思わせることが重要です。複雑な方法は避けて、できるだけ初心者でもやりやすい方

法で手本を示すようにしましょう。

(3) 言葉で補足する

業務の手本を示して指導することは有効な方法ですが、複雑な業務を身につけるには言葉による適切な補足が求められます（森他 2011）。

業務の方法を伝える際には、指導対象者が理解できるように丁寧に説明しましょう。指導対象者が類似した業務をこれまで経験してきたかどうかも確認し、経験した業務と今回の業務の違いを明確に示しましょう。

簡単そうに見える業務でも、実際に行ってみると難しく、つまずくポイントが多々あるものです。指導対象者が自分も簡単にできるような気持ちになってしまわないように、「一見簡単に見えますが、実際にやってみるとここでつまずく人は多いです」と何に注意して進めなければならないのかを気づかせましょう。

業務によってはすでにマニュアルが作成されている場合もあります。マニュアルがあれば指導対象者に渡して、読んでわからないところを質問してもらうとよいでしょう。

3 業務を段階的に任せる

(1) 2つの原理を理解する

業務を任せるには、2つの原理にそって進めることが効果的です。1つは、**スモールステップの原理***です。この原理は、心理学者のスキナーらが提唱した**プログラム学習***に取り入れられた原理の1つです（小池 2000）。スモールステップの原理によって、簡単なことから難しいことへと段階的に難易度の高い業務に挑戦させていきましょう。業務を段階的に分類することによって、スキャフォールディングを円滑に進めることができます。さらに、指導対象者は成功体験を積み重ねることにより**自己効力感***を高めることにつながります。

　もう１つは、**即時フィードバック***の原理です。この原理も、プログラム学習に取り入れられた原理の１つです。学習者の行動に対して、それが正しいかどうかをすぐに伝えることが、学習において効果的であることを示したものです。裏返すと瞬時に答えがわかる単語カードは、この原理を活用したものです。人は何をしたのか忘れた頃に**フィードバック***を与えられても改善にはつながりにくいものです。

(2)　任せる業務を増やしていく

　業務を徐々に指導対象者に任せていくためには、業務を細かく分類しておくとよいでしょう。業務を分類するには、主に２つの方法があります（鈴木 2002）。１つは手順分析と呼ばれ、習得する業務を実行する順番通りに分類する作業です。物品調達であれば、①業者の連絡先を調べる、②調達の仕様を業者に伝える、③複数の業者から見積を入手する、④契約する業者を決める、⑤業者に物品を発注する、⑥納品された物品を検収する、⑦費用の支払手続きをする、といった手順のことをいいます。細かく手順に分けておくことにより、どの部分から任せていけばよいのかがわかりやすくなります。

　もう１つの方法は、階層分析と呼ばれ、習得する業務の複雑さによって分類する作業です。物品調達でいえば、①消耗品の調達、②契約業者

を最初から決めて契約する**随意契約**＊が可能な固定資産の調達、③入札を要する固定資産の調達、といった順に簡単なものから複雑なものへと階層に分けることができるでしょう。このように階層に分けておけば、簡単なものから順に指導対象者に任せることができます。

　業務の分類が整理できたら、指導対象者に業務の一部を任せていきます。そして、指導対象者がその業務を確実に遂行できるようになったら、徐々に任せる業務を増やしていくとよいでしょう。

(3)　支援する体制をつくる

　指導対象者に業務を任せたとしても、任せっぱなしにせずに、指導者が必要に応じて支援することが重要です。支援の1つの方法はフィードバックです。たとえば、文書作成などの業務は指導者が内容を確認をする場面をつくり、そのときに指導対象者に適切なフィードバックを与えるのです。

　フィードバックの場面では、指導対象者が業務を正しく遂行できているのかどうかを伝えます。うまくできた場合は、具体的に何がよかったのかを伝えて、それまでの努力を認めてあげましょう。一方、うまくできていなかった場合は、何を改善しなければならないのかを指導対象者にわかるように助言を与えます。それらは、即時フィードバックの原理に基づいて、できるだけ早く指導対象者に伝えましょう。業務中にさまざまな理由ですぐにフィードバックができない場合でも、その日のうちに時間をとって指導対象者に伝えるように心がけましょう。

　指導対象者が業務に慣れない間には、**プロンプト**＊を用いるという方法があります（石田 2011）。プロンプトとは、適切な行動ができるようにするための外的な援助・補助手段を指します。大学職員の業務であれば、業務のマニュアルがもっとも典型的なプロンプトといえます。マニュアルを片手に業務を進めることで、指導対象者は安心して業務を進めることができるでしょう。イベントの司会の業務であれば、何を発言したらよいかを記した進行メモを用意しておくとよいでしょう。表計算

> **コラム　大学職員のビート板を探そう**
>
> 　プールでビート板を使ったことはありますか。考えてみればビート板は不思議な存在です。ビート板を使って泳ぐことは最終目標になりません。ビート板を使わずに泳ぐことを目指すために使用するのです。したがって、水泳の方法を身につける一時期に必要なものです。ビート板は水泳における補助手段であるプロンプトということができるでしょう。自転車であれば補助輪が、漢字の練習であれば練習帳の薄い線がプロンプトになります。どちらも習得の段階に応じて指導者が取り外していくことが求められます。
>
> 　最近では、多くの政治家もプロンプトを使っています。名前もまさにプロンプターです。プロンプターとは、透明な板にモニターの文字を映し出し、演説などを支援する装置です。政治家は、目の前のプロンプターに映る文字を読むことで、下を向かず聴衆に向かって話ができたり、間違えずに正確に情報を伝えたりすることができます。政治家のプロンプターの活用に対しては批判がありますが、多くの政治家はプロンプターを手放そうとはしないようです。
>
> 　大学職員にとってのプロンプトにはどのようなものがあるのでしょうか。オリエンテーションなどで多人数の学生を対象に説明をする職員は、政治家のようにプロンプターを活用することもできるでしょう。ただし、指導対象者にプロンプターを活用させる場合には、学生に対して模範を示すうえでも最終的にプロンプターなしで自然に自分の言葉で説明できることを目指してほしいと思います。ほかにも、大学職員のビート板を探してみませんか。

ソフトでセルに特定の数値や文字列しか入力できないようにする入力規則の設定も、適切な行動を促す手段という意味ではプロンプトといえます。

　また、周りの大学職員の支援体制もつくるようにしましょう。指導者がいつも指導対象者のそばで確認することができないこともあります。指導対象者に業務を任せていることを周りの大学職員に伝えることで、指導に巻き込んでいきましょう。

⑷　創意工夫できる部分をつくる

　業務を任せるときには、指導対象者が創意工夫できる部分をつくるこ

とも重要です。指導者がよかれと思って業務の進め方を細かく指示すると、指導対象者は決められたことを手順通りに遂行するだけが業務であるとみなしてしまうかもしれないからです。指示通りに進めてほしい部分のみ伝えて、それ以外は業務を担う本人に任せることもできるでしょう。創意工夫できる部分をつくることで、やりがいのある業務になるかもしれません。

　指導対象者の創意工夫に対しては、基本的に認めてあげることが重要です。しかし、創意工夫が指導者の考える許容範囲から逸脱する場合は、助言を行うことで修正を促しましょう。

4　1人で業務ができるまで見届ける

(1)　1人で業務ができる状態を目指す

　業務の指導において目指すべきは、指導対象者が1人で自然と業務が遂行できるようになることです。その段階になると、指導対象者は自分の行動に意識を向けなくても正確に業務を行うことができるようになります。そして、一度習得した方法を忘れることはなくなり、長く安定して活用することができます。

　この段階までくれば、人はほかのことにも注意を向ける余裕が出てきます。自動車の運転にたとえるなら、一つひとつの動作を確認しながら運転するのではなく、同乗者と話をしたり、音楽を聴いたりしながら、運転することができる状態です。業務についても1人で自然とできる段階に達することができれば、周りの状況を確認したり、別の業務と並行して進めたりすることができます。

(2)　支援を徐々に減らす

　1人で業務ができるようにするには、指導対象者が自立できるように少しずつ指導者の手を放していくフェーディングが求められます。プロ

ンプトを使用していれば、それを取り除いていきます。指導者はこのタイミングを判断しなければなりません。

　1人で実践することを過度に心配して、「まだ私には自信がありません。横について助けてください」と頼む指導対象者もいるかもしれません。しかし、指導対象者が失敗しそうになるたびに手助けをしていると、指導の手を離すことが難しくなります。

　また、指導対象者が独り立ちするのを心配に思う指導者もいます。しかし、指導対象者の能力開発のためには、その気持ちを抑えて指導対象者の一通りの行動を見守らなければならないときもあるのです。どうしても指示や助言を要する場合は、指導対象者が一通りの行動を終えてから行うようにしましょう。

(3)　自己評価を促す

　業務ができているどうかを自分自身で判断させることも重要です。指導の初期の段階では、指導者ができている点とできていない点を早く伝えることが大切ですが、1人で業務ができるようにするには指導対象者自身が**自己評価***する機会をつくりましょう。

　よりよい業務の実践に向けて、修正すべき点やさらに学習しなければならないことにも気づくためにも、自己評価は重要です。しかし、自分の学習を自ら評価することは簡単なことではありません。なぜなら、自分が学習する過程と成果を客観的に観察する活動である**メタ認知***を働かせなければならないからです。

　そのためには、指導者のフィードバックをあえて遅らせることも重要です。指導対象者からできたかどうかを確認されたとしても、「あなたはどう思いますか」と逆に質問で返してみましょう。自己評価をさせた後に、指導者としての評価を伝えるのです。

(4)　業務を指導する機会をつくる

　指導対象者が1人で業務をできるようになることは1つの到達点にな

りますが、その先に到達点を設定することもできます。たとえば、業務を他人に指導することができるようになるという発展的な学習目標です。

　業務に慣れてくると、意識せずにできるような状態になり、業務のもつ意義や方法の根拠を忘れてしまうことがあります。指導するにあたっては、単に業務ができるだけではなく、業務のもつ意義や方法の根拠などを理解し、どの点がつまずきやすいかを把握しておかなければなりません。身につけた業務を定着させるためにも指導の経験は有効なのです。

　他人に指導する機会には早すぎるということはありません。たとえば、学生アルバイトなどに一部の業務を指導したり、新任職員の間で身につけた業務を相互に教えあったりするなどの機会をつくるといった方法もあるでしょう。また、指導するために業務マニュアルの作成や改善に挑戦させてもよいでしょう。

第7章　経験の振り返りの支援

1　振り返りの役割と意義を理解する

(1)　振り返ることで経験は学習になる

　成人の学習にとって経験は大きな資源ですが、この経験は振り返りを経なければ学習にいたることはありません。ある失敗をしたとしても、その失敗を適切に振り返らなければ、同じ失敗を繰り返してしまうかもしれません。

　このとき、どのような振り返りを行ったのかによって学習の質は変化します。たとえば、作成した資料にミスがあったときに、単に「次はミスがないようにしよう」と考えるのも振り返りではありますが、それだけでは業務の改善に不安が残ります。資料をつくっていた自分の状態や周囲の状況など思い出しながら、ミスの原因を明らかにして今後の行動を変える振り返りを行うことができれば、より実践的な改善につながるでしょう。

　指導者には指導対象者の振り返りを支援する役割が求められます。そこでは、指導の振り返りの過程そのものを支援しながら、次第に指導対象者が習慣として振り返りができるように促すことが、指導者には求められているといえるでしょう。

(2)　さまざまなタイミングで振り返る

　振り返りは行うタイミングによって以下の2つに分類できます

（ショーン 2007）。1つ目は、「行為についての振り返り（reflec-tion-on-action）」です。これは過去の行為を振り返るものです。たとえば、ある行為の後に「今回の成功の原因は何であったか」「同じ失敗を繰り返さないためにどうするか」などを考える振り返りです。1日の業務の終わりに日報をつけることや、定期的に行う上司との面談などは、この種類の振り返りに該当します。

　2つ目は、今行っている行動の改善を目的として、行為しながら行われる「行為の中の振り返り（reflection-in-action）」です。状況を見極め、判断を行いながら、場合によっては当初想定していたことを修正して適用するといった過程を経ます。これらの過程は一瞬のうちに進んでいきますが、その行為が終わるまで何回も繰り返し行われます。たとえば、自動車の運転で「もっと車間距離をとったほうがよいな」といった瞬時の判断をすることは、「行為の中の振り返り」に該当します。大学職員としての業務においても、急病の学生を発見したときや、イベントで機器トラブルが発生したときなど、とっさの判断をするときには、「行為の中の振り返り」を行っているはずです。

　指導者が主に支援することになるのは事後に行われる「行為についての振り返り」になるでしょう。ただ、指導対象者が「行為の中の振り返り」もできるような支援ができれば、指導対象者の業務の質は一層高まるでしょう。

(3)　振り返りは未来を志向する

　語感から、振り返りを過去の行動を悔いることのようにとらえてしまう人がいます。しかし、そのように考えることは適切ではありません。指導対象者が後悔や恥ずかしさ、無力さなどネガティブな感情を抱き、学習への結びつきが弱くなってしまうためです。

　したがって、振り返りは未来を志向するようにしましょう。次をどのようによりよくできるかが大切です。できなかったことだけでなく、よかったことを意識的にとりあげるのもよいでしょう。継続して行うべき

よい実践を忘れずにおくことも指導対象者の未来にとって重要な学習になるからです。

(4) 自分自身を観察する

振り返りを行う中で、人は自分の行為を観察します。自分の行為を冷静に、多角的に客観視することで多くの気づきを得ることができるでしょう。

後から振り返って、「どうしてあの時あのような行動をとってしまったのだろうか」と自分の行動を悔いることは誰でもあることでしょう。こうした思いをもてるのは、過去の自分を他者のように見ることができるからです。

振り返りを学習に結びつけるには、このように自分のことを冷静に観察する視点が欠かせません。場合によっては他者からどのように見えていたか、状況を俯瞰した時に自分の姿がどのように見えていたかなど、自分以外の視点を意識することも大切です。

こうした冷静な観察や視点の移動ができるようになるためにも指導者の支援が重要になってきます。たとえば、指導対象者に問いかけをすることで、指導対象者が落ち着いて経験を思い返したり、他者の視点を獲得したりすることができるでしょう。

(5) 持論を形成する

振り返りを日々行っていく中で指導対象者は**持論***を形成していきます。持論は業務にあたるうえで個人がもつ原則のようなもので、業務への取り組みに大きく影響します。たとえば、これまでの経験によって「悪い情報こそ早く伝えるようにする」という持論を形成し、それにしたがって行動する大学職員がいるかもしれません。

持論の形成には、日々の振り返りで導かれる一つひとつの教訓がかかわっています。教訓の積み重ねが持論の形成にいたるといえるでしょう。したがって、指導対象者が失敗経験を適切に振り返ることができなけれ

ば、次第に「どうせ発言しても受け入れられないから会議では黙っていよう」といったような不適切な持論を形成してしまうかもしれません。不適切な持論の形成にいたらないように、指導者は指導対象者の振り返りの支援をすることが望まれます。

　振り返りによってすでに形成された持論を検討することもできます。指導対象者が業務に対して不適切な持論をもっているようであれば、**学びほぐし** * を促し、持論を形成しなおしていくのがよいでしょう。このときにも指導者が振り返りの支援を行うことが有効となります。

2　振り返りを支援する

⑴　振り返りのプロセスを踏まえる

　「先ほどの業務について自分で振り返ってください」と指示したとしても、それが難しい指導対象者もいるでしょう。適切な振り返りを行うには押さえておくべきポイントが存在します。

　振り返りを行うために有用なモデルとして、コルブの**経験学習モデル***があります（Kolb 1984）。振り返りはある経験（具体的な経験）から教訓を導く経験学習のサイクルを回す原動力です。つまり、振り返りによって具体的な経験を思い出し、描写することで状況把握や自分の心理状態を冷静にとらえなおすこと（内省的な観察）からこのサイクルは始まります。そして、その経験を分析し、ほかの場面でも応用できる教訓を導きだすこと（抽象的な概念化）で学習にいたります。最後に、振り返りによって導いた教訓を実践すること（積極的な実験）ができれば、経験学習のサイクルは一周するのです。以下では、この流れを一つひとつ具体的に見ていくことにしましょう。

⑵　経験を描写する

　振り返りは具体的な経験をできるだけ冷静に、客観的に描き出すことから始まります。経験を適切に描き出すことで、指導対象者の効果的な学習が期待できます。描写すべき内容についてはさまざまなものが主張されていますが、おおよそ以下のように整理できるでしょう。

　まず業務であればその内容、要した時間や成果物の分量や精度といった、自分が実際に行ったことに関するものです。本人の業務中における心身の状態も重要です。ほかにも他者の様子や業務環境の変化についての気づきを説明してもらいます。ここでは、その業務がどのような背景で必要とされたかなど、少し大きな文脈についての理解もかかわってき

ます。

　業務内容や自分自身の状態の描写に対して、周囲の状況の描写は難しいかもしれません。業務に集中しすぎて周りの変化に気づいていないこともあり得るでしょう。

　こうした場合に指導者は描写を促す問いかけをすることが大切です。「あなたが業務をしていた時、同僚の〇〇さんは何をしていましたか」といったように、具体的な他者をあげるのもよいでしょう。たとえ指導対象者がその時に的確な描写ができなかったとしても、問いかけの内容そのものがメッセージとなり、指導対象者が以後、周囲の状況に注意を向けるようになることも期待できます。

(3)　経験を分析する

　描写された経験をもとにその経験の分析を行います。この分析は教訓を導くための準備にあたります。業務についてであれば、その業務の目的や手順について指導対象者が理解することをまず検討すべきでしょう。また、その業務の中で指導対象者がとった行動が適切であったか、指導対象者が的確に周囲の状況を把握していたかといった点もとりあげるとよいでしょう。

　こうした検討において問題があると気づいた場合にはその原因を考えます。ここで重要なのはその原因を指導対象者にのみ求めないことです。業務上のミスをとりあげても、指示した業務そのものに問題があった、上司が誤った指示をしていたなど指導対象者だけに原因があるとは限りません。多角的な分析を意識しましょう。

　この分析は多くの場合、経験の描写と行き来しながら行うものです。分析をする過程で指導対象者が経験について気づくこともあるからです。描写と分析を繰り返すことで指導対象者の経験は鮮明なものになっていくはずです。

(4) 広く活用できる教訓を導く

　経験の描写と分析を経ていよいよ教訓を導き出します。これはコルブのモデルによるならば、抽象的な概念化にあたります。ここで重要なのは、個々の経験からほかの場面でも応用がきく教訓を導くことです。

　ここでも指導者の問いかけが意味をもちます。なぜなら、問いかけを通じて、経験を抽象化する方法を示すことができるからです。たとえば書類作成という業務の振り返りにおいて、「在学証明書の発行のような、正確さが特に求められる業務には何が大事だと思いますか」とほかの業務にもつながるような視点を示すのです。同じ業務であっても抽象化する観点はいくつもありえるでしょう。そういった観点をいくつか提示することで、指導対象者自身もどのように自分の経験を抽象化すればよいかが見えてくるでしょう。

(5) 教訓を活用する支援をする

　こうして導かれた教訓は実際の業務の場で実行されてはじめて意味をもちます。コルブの経験学習モデルはこの段階を積極的な実験として位置づけています。この段階そのものは振り返りの過程には含まれません。しかし、得られた教訓を新しい状況に活かす支援まで行うことで、振り返りの効果を高めることができるでしょう。

　指導対象者が新しい業務などに直面した時に、まったく手も足も出せなくなるか、これまでのやり方を無批判に行ってしまうせいで、後になって余計な手間や時間をかけてしまうことがあります。そこで指導対象者に、新しい業務に入る前にまず業務の全体像がどのようになっているか、これまでの経験から得られた教訓で採用できそうなものがないか、その教訓をどのように使えばよいのかを考えてもらいましょう。

　もし、業務の中でその教訓が活用されていないと判断される場合は、なぜ教訓が活かせなかったのかをともに振り返るようにしましょう。指導対象者自身の原因や環境の要因などがかかわっていることがあります。

表 7-1　振り返りの会話例

経験の描写	指導者「あなたのチームが作成した冊子、とても評判がいいですよ。どのように作成したのですか」 指導対象者「チームの中でそれぞれ担当を割り振って、それぞれが書いた原稿に互いにコメントするという過程を何回か繰り返しました」 指導者「素晴らしいチームプレイですね。コメントは活発に出されましたか」 指導対象者「はい。中には厳しいコメントもあって落ち込むこともありましたが、何度かやりとりするうちにコメントがありがたいと思えるようになってきました」 指導者「ほかのメンバーの様子はどうでしたか」 指導対象者「とても協力的だったと思います。思っていた以上に真剣にほかのメンバーが原稿を読んでくれたので、自分も頑張らないとと思いました」
経験の分析	指導者「いい関係が築けていたのですね。今回のチームでの作成は特に何がよかったと思いますか」 指導対象者「自分のつくったものを何度も、ほかのメンバーが読んでコメントしてくれたのがよかったです。言葉足らずのところなど、指摘されてはじめて気づくことも多かったです」
教訓の導出	指導者「今回の業務の経験から今後に活かせることはありますか」 指導対象者「何かをつくる場合には、多くの人の意見をもらうことが大事だと身に沁みました。作成の過程でいろいろな人の意見を聞くようにしようと思います」

出所　筆者作成

詰問にならないように気をつけながら、そうした阻害要因を明らかにすることに努めましょう。

3　自律的な振り返りを促す

(1)　省察的実践家へと導く

　指導者が指導対象者の振り返りについて目指すのは、指導対象者自身が1人で自分の業務を適切に振り返ることができるようになることです。こうした自律的な振り返りを続けていくことで、その人は日々の経験からより多くを学べる職業人になれるからです。

　こうした振り返りによって自分の実践を吟味し、能力や技術を高めていく専門家は**省察的実践家***と呼ばれます（ショーン 2007）。省察的実

践家となるためには、振り返りを行うことを習慣化しなければなりません。指導者は指導対象者に日々接する中で、指導対象者が自然と振り返りを行えるような働きかけを意識するようにしましょう。

(2) 振り返りの傾向を見つける

指導対象者が1人で効果的な振り返りができるための支援として、指導者は、振り返りから行動の改善を支援する中で、指導対象者にどのような傾向があるのかを見極めましょう。ここでもコルブの経験学習モデルに即した項目で確認することができます。

たとえば、具体的な経験を描写するときに、自分の判断を絶対視し、他者の視点で考えることができない指導対象者がいます。こうした傾向をとらえた場合には、「この状況は課長にはどのように見えたと思いますか」など、指導対象者の行動に直接かかわる具体的な他者の視点を示して考えてもらうなどの対策が有効かもしれません。

また抽象的な概念化が苦手な指導対象者には、他者のエピソードから自分の業務に活かせる教訓を引き出させるのもよいかもしれません。あるエピソードを説明したうえで、「この話から、今のあなたに活かせそうなことをあげてみてください」と問いかけるのもよいでしょう。

(3) 定期的な振り返りの場を設ける

振り返りを習慣化するためには定期的な振り返りの場を設けることが重要です。日々の業務において振り返りを促すことと併せて、節目にしっかりと時間をとった振り返りの場も大切です。業務日報や週報などを書くことで行う日常的な振り返りのほかにも、半期に一度程度、自分の業務を振り返ってそこから得た教訓を整理する機会を設けるのがよいでしょう。

こうした節目の振り返りは面談形式などで、ある程度改まった場で行うとよいでしょう。1対1で話しやすい静かな環境を準備し、時間もゆとりをもって設定するのが適切です。

節目に行われる振り返りは、指導対象者に**キャリア***の中でいったん立ち止まってこれまでの経験を整理する大切さを伝える場となります。長く続く指導対象者の職業生活の要所に、こうした機会を設けることの必要性を体感してもらう意味でも設定することが望ましいでしょう。

(4)　指導者自身の振り返りを示す

　指導者がこれまで自身で行ってきた振り返りを指導対象者に示すことも大事なことです。もし日報や**スタッフ・ポートフォリオ***などのかたちで指導者のこれまでの経験が文書化されているならば、それをもとにしながら指導者自身が経験から何をどう学んだのか、具体例を示すことができます。また文書化したものがないとしても、指導者自身がこれまでどのタイミングでどのような振り返りをしてきたのかを口頭で伝えることもできるでしょう。

　このときに注意すべきは、単なる指導者の思い出話にならないようにすることです。そこで指導対象者に考えてもらう機会を積極的に取り入れましょう。たとえば、自分の経験を説明した後に、「この状況であなたならどうしますか」と指導対象者に問いかけ、考えさせてから自分のことを話すという手順をとるとよいでしょう。

(5)　振り返りを形にして残す

　振り返りの習慣化のために、意識的に振り返りの内容を言語化して記録することは有効な方法です。指導対象者自身が書くものとしては、業務日報が一般的でしょう。紙媒体での記録や保存でもよいですが、パソコンに記録しておくと加工や編集もしやすいうえにかさばらないので便利です。振り返りの過程に対応した項目を書式に入れるのもよいでしょう。また記録したものは指導者、指導対象者がいつでもアクセスできるように保存するとよいでしょう。

　このような方法で振り返りを言葉にして残しておくことには多くの意義があります。たとえば、言語化する過程は指導対象者にとって自分の

コラム　「どうしてできなかったんだ」と叱るまえに

　勤めだしてすぐのころ、上司や先輩に「どうしてできなかったんだ」とよく言われていたことを覚えています。その後自身も経験を積み重ねているうちに、気がつけば自分が後輩に同じような言葉をかけていることもしばしばあります。

　今になって思うと、その時私は反発を覚えていたように記憶しています。もしかしたら私も後輩に同じ思いをさせていたのかもしれません。失敗は振り返りの大事な契機ですが、私も私の後輩もどうやら素直に振り返ることができていなかったのではと思います。

　「どうしてできなかったんだ」という言葉はもうどうしようもない過去の失敗を反省させ、詰問する響きがあります。言われた相手も「自分はダメだ」と必要以上に落ち込んだり、「できなかったものは仕方ないだろ！」と指導者への反発を覚えるだけになったりしがちです。振り返らせることを目的とするならばこうした言い方は適切ではないとわが身を振り返ってもいえるでしょう。

　業務を指導する中で、時として強い言葉で指導せざるを得ない状況があるかもしれません。ただその言葉が本当に指導対象者の成長に資するものかどうかは常に自問すべきだと思います。

　指導対象者の振り返りを支援するためには、過去ではなく常にこれからのことについて考えてもらうことが必要です。過去の失敗は未来を見すえることで貴重な経験になるのです。指導対象者の失敗を学習経験に変えることは指導者の大事な役割の１つです。感情的に自分のあたりまえを押しつけるのではなく、指導対象者の未来にとってその失敗がどう活かせるかを考えることが、支援には欠かせないと感じます。

経験についてじっくり考える機会になるでしょう。

　ほかにも、記録することによって、中長期的な保存がききます。これによって比較的長い期間にわたる振り返りが可能になります。振り返りを習慣化するには、過去の自分からの成長を本人が感じ、意欲を高めることが重要になってきます。年単位の記録が残っていれば、そういった成長の実感を得られ、振り返りを継続することができます。

　さらに、指導者のチェックがしやすいこともあげられます。指導対象者がこれまでどのような経験をどのように振り返っているかの記録が残っていることで、その振り返りと実際の指導対象者の行動の対応を図

ることができます。振り返りの記録は、行動改善の取り組みを評価する
材料にもなるのです。

第8章 評価とフィードバック

1 評価者としての役割を理解する

(1) 評価によって学習が促される

　学習目標を定め、それに向けて指導を行っていくことで学習は進んでいきます。しかし、それだけでは十分とはいえません。適切なタイミングで指導者は指導対象者のそれまでの学習について評価をし、その評価結果について指導対象者に**フィードバック***しなければなりません。

　評価には3つの役割があります。まず、評価は指導対象者がどれだけ学習目標に近づいたかを測定し、これからの学習の進め方を調整する役割があります。間違った学習を続けることは指導対象者にとってマイナスです。経験の浅い指導対象者はときおり間違った学習方法をとり続けてしまうことがあります。評価は学習方法や学習内容を修正し、より効率的な学習を導くきっかけになります。

　また、評価は指導対象者の意欲を高める役割があります。指導対象者にとって自身の成長を実感することは難しいものです。成長の実感が得られないままだと、学習を継続する動機づけを保つことは困難です。評価する指導者には指導対象者が自分の成長を確認できる機会を提供することが求められます。

　最後に、評価によって指導者自身が自分の指導を省みることができるという役割があります。自分の指導が指導対象者の成長を支援できていたのかを確認することは重要だからです。もし、成長が思わしくないと

判断されるならば指導の方法を見直さなければなりません。評価は指導者としての成長にもつながります。

　このように評価は、指導対象者が高い意欲でよりよい学習を進めるうえで大事な機会なのです。また、指導対象者の学習を促す最大のきっかけであるともいえます。

(2)　評価することは難しい

　評価にはこのような重要な役割があることは理解できるとしても、実際に評価を行うときにはやはり大きな困難を感じる人も多いのではないでしょうか。

　一般に多くの指導者が評価のときに感じる難しさには、事前に評価の方法を決める難しさ、評価を実際に行う難しさ、フィードバックの場などで評価の内容を指導対象者に伝える難しさなどがあります。筆記試験など比較的わかりやすい方法によって実施される授業での学習評価とは違って、業務の中で行われる評価であることも、難しくする要因の1つとなっているといえるでしょう。評価の対象が目に見える成果物だけでなく、上司や同僚、来客への態度や言動なども含まれるからです。

　こうした困難は総じて、評価を受ける指導対象者が納得できるかどうかにかかわるものです。裏返せば、納得のできる評価であれば本人にとって厳しい内容の評価であったとしても受け入れてもらえるでしょう。また、入念に行われた評価であってもフィードバックの場などでの伝え方が不適切であれば、指導対象者の反発や失望を買い、それ以上の学習を促せなくなるかもしれません。

(3)　評価者がもつべき視点を理解する

　指導者が指導対象者の学習を評価し、適切なフィードバックを行うためには以下の3つの視点をもつことが求められます。

　まず、**信頼性***の視点です。信頼性とは、同じ評価方法を繰り返し行っても同じような結果になるかどうかです。同じ能力をもつ人に対す

る評価が、そのつど異なる結果になってしまうのであれば、信頼性のあるものとはいえません。

　次に、**妥当性***の視点です。妥当性とは、評価したいものを適切に評価できているかどうかということです。たとえば、評価の観点が適切であったとしても、その観点において求めるレベルが適切でないと誤った評価になります。妥当性を高めるには、評価が妥当であるかを常にチェックし、改善することが必要になります。

　3つ目は、**公平性***の視点です。えこひいきや漠然とした印象による評価はもちろんすべきではありません。しかしそれ以上に注意すべきは、たとえ評価者がひいきを行っていなかったとしても、指導対象者にそう見えてしまっては評価を受け入れてもらえないということです。こうした事態を避けるためには、評価の理由が明確であるかどうかや、指導対象者が評価について同意しているかということに留意しなければなりません。

　以上の3つの視点は評価のための方針を作るとき、自分の行った評価を検証するとき、フィードバックすべき内容を考えるときなどさまざまな場面で立ち返るべきものです。

⑷　評価のタイミングを理解する

　評価は学習の最後にするものとは限りません。学習の最後に到達度を測定する評価を**総括的評価***といいますが、これだけでは指導対象者の学習を促すには十分ではありません。指導対象者の学習前やその途中にも評価が必要です。

　指導対象者の学習前での**レディネス***などを測定するために行われる評価を**診断的評価***といいます。指導の中では指導対象者のこれまでの業務履歴や、受講した研修などを確認することが診断的評価にあたります。

　また学習の途中で行う評価を**形成的評価***といいます。これは指導対象者がこれまでやってきた業務をある区切りで評価し、次の行程をどうするかを判断する機会になります。たとえば、かなりの分量のある文書

を指導対象者が作成している場合に、いきなり完成させるのではなく、その構成案をまずつくってもらい、それに対して評価を行うといったことが形成的評価の1つの例となります。形成的評価には指導対象者の業務の軌道修正だけでなく、動機づけを維持するという役割もあります。

(5) 陥りやすいバイアスに注意する

評価は、人が人に対して行うものであるため、評価者のバイアスを完全に排除することは難しいといえます。したがって、評価においてバイアスが生じやすくなる条件を知っておくことは有益です。

評価における代表的なバイアスにハロー効果があります。これは評価者が指導対象者のよい面を1つ知っていると、ほかの面についてもよい評価を行う傾向が高まり、逆に悪い面を1つ知っていると、ほかの面についても悪い評価をする傾向が高まるといったものです。職場での日常的なかかわりの中で評価者が抱いた印象は、無意識に評価に影響を与えるのです。たとえば、寝癖をつけたまま職場にやってきた指導対象者のことをそれだけで「彼は仕事ができなさそうだ」と判断することがハロー効果の例にあげられます。

ほかにも指導対象者に対する理想があまりにも高まってしまうことで、実現不可能な基準を相手に求めてしまう厳格化傾向、自分の得意な業務

表 8-1　評価におけるバイアス

ハロー効果	よい面が1つあると、ほかの面についてもよい評価を行いがちになり、悪い面が1つあると、ほかの面についても悪い評価を行いがちになる傾向
中心化傾向	無難な評価をすることによって、評価が平均化する傾向
対比誤差	評価する人が得意な部分は厳しい評価を行い、評価する人が不得意な部分は甘い評価をする傾向
寛大化傾向	望ましい部分はよい評価を行い、望ましくない部分は控えめに評価する傾向
論理的誤差	思い込みや一般論の影響を受けることで特徴を見誤る傾向
期末誤差	直前に起きたことは重視され、それ以前に起きたことは重視されにくい傾向
厳格化傾向	理想的な基準を用いることで、評価が低くなる傾向

出所　江夏（2014）、小野・関口（2017）より筆者作成

には厳しく、不得意な業務については甘い評価を行ってしまう対比誤差といったバイアスもあります（表8-1）。

　信頼性、妥当性、公平性の高い評価を行うためにはこうしたバイアスについて自覚し、できる限り客観的な評価の方法をとろうとしなければなりません。

2　適切な方法で評価を行う

(1)　自己評価から始める

　評価について考えるべきことの1つは、誰が最初に評価を行うかということです。それは指導対象者自身が行うべきです。指導者の指導を経て指導対象者は会議資料を作成したり、学生や教員の対応にあたったりします。まずはそれらの業務について、自分で評価させるのです。文書などの成果物を作成した場合は落ち着いて中身を確認し、学生対応などの形が残らない種類の業務については、自分の言動と対応の適切さを指導対象者自身が見直すとよいでしょう。

　これは指導対象者自身が自分の評価者として評価と振り返りを行うことにほかなりません。この過程では学習の方法そのものを学ぶことができると同時に、確認作業を経て業務の精度を向上させることにもつながります。こうした**自己評価***を経たうえで他者からの評価を受けるのが望ましいでしょう。

　したがって、指導者は指導対象者の自己評価を待ってはじめて評価やフィードバックを行うようにしましょう。そのために、あえてフィードバックのタイミングを遅らせることも有効です。

(2)　目標にそって評価する

　評価が恣意的なものではないことを示すためには、基準が必要です。どのような基準で評価が行われるかによって、評価方法も異なってきま

す。

　業務における評価においては、**絶対評価**＊が適している場合が多いで
しょう。これは集団内で成績に序列をつける**相対評価**＊とは異なり、あ
る目標に対する到達の程度を測定する評価方法です。この評価方法に
よってある目標に対する指導対象者の位置を比較的はっきりとさせるこ
とができます。指導対象者自身でも自己評価を行いやすいため、自分の
成長や課題を確認することも可能です。

(3)　個人内評価を重視する

　指導者が評価の方法を具体的に検討するにあたってもっとも重視すべ
きは、指導対象者である後輩や部下が職場の同僚としてどれだけ成長し
たかを明確化することです。

　したがって、評価を行う際には指導対象者が以前と比べてどのように
変わったのか、Aという業務を行うときと比べてBという業務を行うと
きにはどのようなパフォーマンスを見せているのかといった、指導対象
者個人の変化や違い、成長を明確にする評価が求められます。こうした
評価を**個人内評価**＊といいます。

　個人内評価を重視することは後輩や部下の指導に責任をもつことでも
あります。理解の早い指導対象者もいれば不器用な指導対象者もいます。
しかし、どのような指導対象者であれ、職場では同僚であり、チームの
一員です。最初の出来不出来ではなく、それぞれのスタートラインから
どれだけ成長したのかを評価することは、結果的に組織力の引き上げに
つながるのです。

(4)　評価の方法を指導対象者と共有する

　評価の方法は目標と合わせて、指導対象者と共有するようにしましょ
う。このような目標や評価方法の確認と共有は、学習を始める前などで
きるだけ早い段階で行います。

　指導対象者と早い段階で評価方法を共有する意義は2つあります。ま

ず、指導対象者が自分の取り組みを自己評価し、振り返りやすくできることがあげられます。指導者による評価やフィードバック以前に、指導対象者が自分の成長を確認することができるのです。

　次に、評価に対して指導対象者に納得してもらうことができます。学習を始めるにあたって、設定された目標について、具体的にイメージできるか、適切なレベルになっているかを指導対象者自身が点検し、実現可能だと認識してもらわなければなりません。また、業務上の態度などの主観的になりやすい評価については、態度の変容とはどのようなことを指すか指導者と指導対象者で話し合い、合意を得て取り組むのがよいでしょう。

　このように、学習を始める前やその過程の中で評価の方法を指導対象者に示すことで、より効率的な学習を促すことができるのです。逆にフィードバックの場ではじめて指導対象者に評価方法を示すのは避けるべきです。

(5)　指導者以外からの評価を活用する

　他者からの評価は主として指導者が担いますが、そのほかの職員からの評価を参考にするべき場面があるでしょう。指導対象者はほかの職員にとって同僚でもあります。指導対象者を含むメンバーが、チームの一員として互いに成長を支援しあうことも大事です。また多様な関係者からの評価を活用することは、評価の客観性を高め、バイアスを修正する働きもあります。実際、上司や同僚や部下、ステークホルダーにまで評価を求める**360度評価***と呼ばれる評価を行い、客観性を担保しより多くの情報を集めようとすることもあります。

　もし、指導者以外による評価結果を指導対象者に伝えたいと考えた場合は、その伝え方に配慮すべきでしょう。評価者本人に直接伝えてもらうべきか、指導者である自分を通じて間接的に伝えるべきかは、指導対象者の受け入れにも影響する重要な点です。指導対象者と評価する職員との関係や職位の違いなどによって伝え方を検討することは、評価その

ものと同じくらい大きなポイントであるといえるでしょう。とりわけ新人を育成する場合にはこうした評価をどう伝えるかについて、指導者を中心にチーム全体で方針を決めておくのがよいでしょう。また緊急性が高くない評価であるならば、ほかの職員が指導対象者に直接伝えるよりも、まず指導者に伝えてもらい、そのうえで指導者がどう伝えるかを検討するのがよいでしょう。

　さまざまな関係者からの評価は、指導対象者の成長を促すには大変有益である一方で、一度に多くの人からの評価を受けると、指導対象者が混乱するかもしれません。業務の遂行において自分の指導とあまりに異なる行動が見られた場合は、指導対象者が混乱しているかもしれません。その場合、面談やフィードバックの場面を使って指導対象者の状況を確認することが求められます。

3　評価結果をフィードバックする

(1)　評価を成長につなげる

　評価をした後にその結果のフィードバックを行います。フィードバックは指導対象者の学習を促進するうえで最大の機会であるといえます。
　フィードバックとは、指導対象者に現状を伝え、将来の行動指針をつくることをいいます（中原 2017）。たとえば、指導対象者が作成した資料にコメントをすることなどが該当します。指導対象者が行った業務に対して、アドバイスや注意を与えることもフィードバックの1つでしょう。指導対象者は、自分で気づくことのできない問題点を他者から通知してもらうことで、解決に結びつけていくことができます。そのため、指導対象者に評価結果を伝えるだけでは十分とはいえません。指導対象者の振り返りを促し、今後の行動指針を立てる支援ができてこそ、フィードバックの効果があるといえます。

⑵ フィードバックに必要な情報を集める

　フィードバックは準備なく行えるものではありません。押さえておくべき情報がいくつかあります。フィードバックを客観的に行うために収集すべき基本的な情報に、**SBI 情報***があります（中原 2017）。SBI 情報とは、Situation（状況）、Behavior（行動）、Impact（影響）の 3 つの情報です。たとえば、会議の際（状況）、資料を印刷し忘れていたため（行動）、参加していた教職員に資料をもとに説明ができなかった（影響）といったものです。

　この情報をできるだけ多くもつことが有益なフィードバックにつながります。いつでも的確なフィードバックを行うためには、こうした情報を個々の業務における指導対象者への観察を通じて収集しておかなければなりません。

⑶ フィードバックの方法を工夫する

　フィードバックは指導対象者に、次の改善につなげてもらうことが目標です。そのためには、指導対象者が失敗や欠点についてフィードバックを受けることによって、自己を否定するようになることを避けなければなりません。指導対象者が前向きになって行動の改善を促す工夫が、指導対象者には求められます。

　まずはじめに、成長した点を明確に伝えましょう。フィードバックに

コラム　相手の業務スタイルを理解してフィードバックを行う

　私は、部下に対してフィードバックを行う前に、相手の業務スタイルを注視するようにしています。業務スタイルには、たとえば「創造的に仕事を進めたいタイプ」「指示のもとに仕事を進めたいタイプ」といったものがあります。

　たとえば、創造的に仕事を進めたいタイプの部下が入試説明会のパワーポイント資料を作成してきたときは「どこかに高校生と保護者双方の興味を引くスライドを入れるといいと思うよ」といった、部下が自由に修正できる裁量をもたせるフィードバックになるよう心がけています。一方、指示のもとに仕事を進めたいタイプの部下であれば、「3枚目のスライドに昨年できた新しいラーニング・コモンズの紹介を入れると、高校生も保護者も興味をもってくれるのではないかな」といったように、具体的な指示を含むフィードバックを行っています。

　このように、相手の業務スタイルに合わせたフィードバックを行うようになったのは、以前にある部下へのフィードバックがうまくいかなかったという経験があったからです。その部下が新規の企画業務にかかわった経験がいくつかあるのを知っていたため、私は何となくその部下のことを「創造的に仕事を進めたいタイプ」であると考えていました。そこで、あえて具体的なフィードバックを与えないようにしていたところ、その部下の業務の進捗があまりよくない状況になったことがありました。部下に話を聞いてみると「どのように資料を修正すればよいか指示がほしい」とのことでした。実はその部下は「指示のもとに仕事を進めたいタイプ」であったのです。

　この経験から今は、部下の過去の業務経験だけでなく、積極的に話しかけたり様子を見たりしながら、業務スタイルをこまめに把握したうえでフィードバックを行うようにしています。業務内容によって得手不得手が異なることもあるため、同じ部下であっても業務内容によってフィードバックの程度を変えることもあります。

　指導者の憶測ではなく、日頃から部下をよく観察し、コミュニケーションをとることで、部下一人ひとりの業務スタイルを把握することが、効果的なフィードバックを行うために重要といえるでしょう。

は伝える内容によって、できるようになったことを伝える**肯定的フィードバック***と今後の改善点を伝える**否定的フィードバック***の2つがあります。否定的フィードバックが多くなる場合は、指導対象者の意欲を低下させるおそれがあります。そのため、できるようになった点や改善が必要な点も伝えなければなりません。そこでバランスに配慮した

表 8-2　フィードバック・サンドイッチの例

肯定	この議事録、全体としてよく書けています。必要な情報はちゃんとそろっていて、問題ないですよ。
否定	1つだけ言葉の使い方で気になる点があります。「単位を取得」とここに書いていますが、ここでは「修得」と直したほうがよいですね。
肯定	あの会議、結構難しい議題が多くて私でもついていくのが大変だったのに、よくここまで整理できましたね。この調子で頑張ってください。

出所　筆者作成

フィードバックのモデルとして、肯定、否定、肯定という順で構成する**フィードバック・サンドイッチ**＊（表 8-2）が提案されています（Irons 2008）。

　また、フィードバックの場は、一方的にならないようにしましょう。対話を通して進めるフィードバックのモデルに**ペンドルトン・モデル**＊があります（Cantillon & Sargeant 2012）。このモデルは、指導対象者の自己評価に基づいて対話をしながらフィードバックを行うものです。第1段階では、指導対象者に「うまくできていることは何ですか」と質問し、現状でうまくできている点を自己評価させます。第2段階では、指導者が指導対象者のうまくいっている点を伝えます。第3段階では、指導対象者に「改善点は何ですか」と質問し、現状の課題を自己評価させます。最終段階では、指導者が指導対象者の課題点を伝え、今後の方針を議論します。

第9章 研修講師の実践

1 研修の講師を担当する

(1) 大学職員による研修が求められている

　多人数を対象とした研修は、**Off-JT**＊の代表的な方法です。大学職員を対象とした研修の場合、学外の専門家や学内教員が研修講師を担当する場合もあるでしょう。もちろん、そのような研修講師は多人数を対象とした研修に慣れており安心して任せることができるでしょう。しかし、外部者に研修を委託し続ける限り、大学の特徴、学生の特徴、職員の業務の特徴、組織文化などを踏まえた研修を実施することは難しいといえるでしょう。

　学内で生じている課題の解決を目指した独自の研修を実施するような場合、学内事情に詳しい職員がもっとも研修講師にふさわしいといえます。研修内容に学内の事例も活用することができるため、参加者も身近な内容だと感じるでしょう。また、職場の先輩が研修講師を担当することで、後輩に対して1つの**ロールモデル**＊を示すこともできます。また、研修講師を担当することは、その職員自身の成長の機会にもなるでしょう。大学職員の能力開発の発展のためには、大学職員自身による研修講師の担当が求められているのです。

(2) 研修は説明会と異なる

　大学職員は、履修、奨学金や就職など学生を対象とした説明会を担当

することがあるでしょう。情報システムの更新や人事制度の変更などについて、多数の教職員へ説明を行う機会もあるかもしれません。そのような多人数を対象とした説明の経験は研修講師を担当する際に役立つでしょう。

　一方で、研修は説明会と異なることも理解しておきましょう。説明会ではわかりやすく情報を提供することが求められますが、研修ではそれだけではありません。研修では、参加者が考えたり、自身の経験を振り返ったり、ほかの参加者と議論したり、学習内容の職場での活用方法を考えたりする機会を組み込む教育活動としての工夫が求められます。そのため、研修の学習目標を明確に定めて、それを参加者が達成できるような学習活動を考える必要があるのです。

(3)　研修の主役は参加者である

　研修の主役は参加者であって研修講師ではありません。研修は参加者の学習や成長を支援するものです。**学習者検証の原則***に照らし合わせても、研修がうまくいったかどうかは、参加者の学習がうまくいったかどうかによるのです。したがって、研修講師自身はよい研修をしたと満足していたとしても、参加者の学習につながっていなければ研修は成功したとはいえません。

　研修の対象である大学職員は、職場においてさまざまな経験を積んでいる成人であることも踏まえておきましょう。成人学習の原理を踏まえ、グループワークを通してテーマにかかわる成功体験や失敗体験を参加者間で共有すると、参加者の学習を深めていくことができるでしょう。

　研修において参加者の学習を促すためには、どのような原理で参加者が学習するのか、どのような方向に参加者を導けばよいのか、どのような学習方法で学習効果が高まるのか、どのように参加者の学習成果を評価したらよいのかといった知識や技能を身につけなければなりません。

⑷ 入念に準備する

　仕事を進めるうえで事前の準備がいかに重要かを表す言葉に、「段取り八分」があります。研修においても、この言葉はあてはまります。研修の準備の完成度が研修の成否を決定するといっても過言ではありません。

　研修は行きあたりばったりで進められるものではありません。参加者が何をどのような方法で学ぶのかを検討しておかなければなりません。そのためには研修の実施要項にある研修目的にあわせて、事前に計画を立てて進めることが重要です。授業でいえば**シラバス**＊にあたる文書である研修計画書を作成しておくとよいでしょう。研修計画書の内容は研修の広報にも欠かせません。作成した計画書は研修の関係者とも共有し、内容についてあらかじめ確認を依頼するようにしましょう。

⑸ 研修を振り返り学習していく

　研修の技能を高めていくためには、研修講師による研修後の振り返りが不可欠です。それも記憶が残っている研修の直後に行うことが効果的です。振り返りは、うまくいかなかったことの原因を探って後悔するだけの行為ではありません。うまくいった点を確認して、次に活かしていくという視点も重要です。振り返りを通して、うまくいった点とうまくいかなかった点も含めて確認し、次に活かすために必要なことを見い出すのです。

　多くの研修では、参加者によるアンケートが実施されています。アンケートの結果は、批判的な意見や誤解に基づいた意見が含まれることもありますが、それらも含めて研修の改善に参考になる情報です。もし、アンケートが実施されない場合は、研修講師自らがアンケートを作成して参加者に回答を依頼するとよいでしょう。アンケートを実施する際には、研修講師が研修の進め方を改善するためにアンケートに書かれた内容を大切にしていることを参加者に伝えるとよいでしょう。

2 研修の構成をつくる

(1) 3つの部分で構成する

研修の構成には基本の型があります。全体を、**導入、展開、まとめ**＊の3つの部分に分けて構成することです。たとえば研修の時間が60分の場合、導入を10分、展開を40分、まとめを10分といったように3つの部分に分けて構成を練ります。この枠組みは、教職課程で教員を目指す学生が、授業の準備段階において作成する学習指導案においても使われています。

導入、展開、まとめの3つの部分から構成するのには理由があります。それは、急に学習を開始したり突然終了したりすると、人は効果的に学べないからです。スポーツをする際には、ストレッチなどの準備運動や最後の整理運動が重要であるように、研修においても学習の始め方と終え方は重要なのです。急に始めない、急に終わらないということを意識しておきましょう。

(2) 導入で学習の準備を整える

研修を始める部分である導入では、参加者が安心して研修に取り組めるようにすること、そして研修中の学習が効果的になるように意欲を高めることを目指しましょう。具体的には、以下の点を導入の部分に含めるとよいでしょう（夏目他 2010）。

快適な雰囲気で始める

会場に入って最初にすることは、快適な雰囲気をつくることです。あいさつや雑談などで緊張をほぐします。開始までに音楽を流してもよいでしょう。また、参加者に尋ねながら会場の温度の調整やマイクの確認なども行います。そして、準備が整ったら研修の開始を伝えます。

興味や関心を喚起する

参加者を引きつけ、興味深い話が聞けそうだという期待感を高めることが重要です。そのためには、研修内容に関連する刺激的な質問を用意する、最近のニュースを紹介する、疑問を抱かせるようなデータを提示する、何だろうと思わせる写真を紹介する、簡単なクイズを実施するなどの工夫があります。

学習目標を知らせる

どこに向かって進んでいるのかがわからない研修ほど、参加者にとってつらいものはありません。その研修を通してどのような知識や技能を身につけることができるのかを明確に伝えます。

参加者の準備状況を確認する

研修の内容を理解するために必要な知識や技能が、参加者に備わっているかを確認しましょう。参加者がどのような内容に関心をもっているか、研修内容に関連した経験をもっているのかなどについても尋ねてみましょう。事前に課題を課しているのであれば、課題が難しかったかどうかやどの点で苦労したのかを確認します。

グランドルールを共有する

研修をスムーズに進行させるために**グランドルール***を共有するとよいでしょう。特に参加者間での議論が含まれる研修では、人の話を最後まで聞く、すべての参加者が発言できるようにする、自分の考えと異なる意見も尊重する、パソコンやスマホは触らない、知りえた個人情報は口外しない、全体に報告してくれたときには拍手をするなどのルールをつくっておくとよいでしょう。

アウトラインを紹介する

研修がどのような内容から構成されているのか、それぞれの内容がど

のような目的をもち、どのように相互に関連しているのかを先に示します。研修で扱う内容をスライドにしてスクリーンに全体像を示すといった方法もあります。

(3) 展開で学習内容を深める

展開は、研修の中心となる部分であり、3つの部分の中でもっとも長い時間を費やす部分です。そのため、参加者の学習に対する集中力を持続させ学習の効果を高めるように工夫しましょう。展開の部分を構想する際には、以下の点について検討しましょう（夏目他 2010）。

内容を精選する

研修が失敗に終わる要因の1つは、大量の学習内容を詰め込みすぎることです。できるだけ多くのことを学んでほしいと思っても、1回の研修で参加者が身につけることのできる情報量は限られています。研修のテーマにおいて何が重要なのか、そして何を参加者に伝えたいのかを整理しましょう。スライドを使用する場合は、研修の時間に対して何枚程度の分量の内容を準備するのがよいかを考えておくとよいでしょう。

内容を順序よく配列する

展開の部分では、学習内容をいくつかの部分に分け、それぞれを順序よくつなぎ合わせていく作業が欠かせません。単純なことから複雑なこと、古いことから新しいこと、既知のものから未知のもの、身近なものから身近でないものなど、参加者が理解しやすい順序を考えましょう。また、学習方法の配列も重要です。たとえば、研修講師による講義、個人のワーク、グループでの議論、議論した結果の共有、研修講師による解説といった活動のうち、何をどのような順序で行うかについて考えておくとよいでしょう。

ハイライトを演出する

　もっとも印象に残したい内容を教える場面では何らかの演出をしましょう。研修のハイライトだということを参加者に伝えることが重要です。表現や動作を大きくしたり、内容を繰り返したりします。「これが今日の研修でもっとも大事なところです」と直接伝えるのもよいでしょう。

学習方法を工夫する

　研修講師が口頭で話し続けるだけでは、学習活動が単調になってしまい、参加者の集中力が続かないかもしれません。写真や映像を提示する、問いかける、参加者からの質問の時間をとる、練習問題を与える、ディスカッションを行うなど、さまざまな学習方法を取り入れてみましょう。

学習の進み具合を確認する

　参加者が研修の進行についてきているかどうかを注意深く観察しましょう。参加者にとって理解しづらいと思われる内容にさしかかったら、参加者が理解できているのかを確認する時間を設けましょう。

(4)　まとめで学習を締めくくる

　時計をちらりと見て、「そろそろ時間がなくなってきたので終わりましょう」と話の途中で慌てて研修を終わらせては、研修講師が研修を予定通り終了できなかったと思われてしまいます。研修のまとめの部分をしっかりとつくることが重要です。以下の点をまとめの部分に含めることを考えてみましょう（夏目他 2010）。

内容の定着を図る

　研修の内容を振り返って、何が重要なポイントであったかをもう一度参加者に向けて確認します。複数の重要な概念を導入したときには、それらの相互の関係をまとめて、参加者が頭の中を整理できるようにしま

しょう。

学習の成果を確認する

簡単なクイズや質問の時間をとることで、学習の成果を確認しましょう。その日の研修で新しく学んだことや職場で活用しようと考えることを、ワークシートにまとめるようにしてもよいでしょう。職場で活用しようと考えたことを、参加者の前で宣言する時間をとるという方法もあります。

達成感を与える

まとまった学習内容をやり終わったという印象を与えることが重要です。そのために、最初に提示した学習目標を振り返って、それがどのように達成されたのかを確認します。また期待された学習成果が確認されたら、参加者の努力をねぎらいましょう。

その後の学習につなげる

研修直後は参加者の学習意欲が高まっています。発展的な学習が進められるように参考となる書籍、次に参加したらよいと思われる研修の機会などを紹介すると効果的です。

3 わかりやすく説明する

⑴ 効果的なスライドを準備する

今日では、プレゼンテーションソフトによって作成したスライドを研修で活用することが一般的です。講師の言葉をスライドの内容で補足することで、参加者が理解しやすくなります。研修に慣れていない講師も、スライドに内容が提示されているため、安心して研修を進めることができます。また、配付資料が容易に作成できるという利点もあります。

効果的なスライドを準備するうえではいくつかの注意点があります。まず、1枚1枚のスライドを作成する前に、研修の目標をもとに全体の構成を考えましょう。個別のスライドからつくり始めてしまうと、全体の流れや前後のつながりをもたせることが難しくなるからです。

　また、スライドに含める内容を厳選することも重要です。伝えるべきことがたくさんあるからといって、1枚のスライドに内容を詰め込んでしまっては、参加者が内容を理解しにくくなってしまいます。研修の目標に照らし合わせて、提示する情報を厳選しましょう。

　フォントサイズも小さくならないようにしましょう。適切なフォントのサイズは、24〜40ポイントです。会場の規模やスクリーンの大きさも関係するので、会場で事前に確認しておくのがよいでしょう。

　また、スライドの利点は視覚的に理解できることにあります。一般的にスライドでは、文章よりも表、表よりも図や写真で示すことが適しています。そのほうが視覚的に理解しやすく、記憶にも残りやすいからです。文章に関しても長文を提示するのではなく、箇条書きにしたり、キーワードのみにしたりして、簡潔に示すようにしましょう。法規などのように長い文章を提示したい場合には、スライドではなく資料として別途配付するとよいでしょう。

　無意味な視覚情報は学習を妨げます。プレゼンテーションソフトにはさまざまな機能がありますが、学習内容に無関係なイラストやアニメーションは参加者の興味や学習の助けにはなりません（Bartsch & Cobern 2003）。スライドの背景も極力簡素にしておくとよいでしょう。

(2)　話し方を工夫する

　研修においては普段の会話とは異なる話し方が求められます。まずは、参加者の方を向いて口を大きく開け閉めし明瞭に話しましょう。特に文章の語尾をはっきりさせたり、難解な用語はゆっくり話したりすることで、参加者の聞き違いを防ぐことができます。自身の声が通りにくい場合や会場が大きければ、無理をせずにマイクを使いましょう。

コラム　双子の過ちに気をつけよう

　私は大学職員対象の研修講師を担当したり、さまざまな研修講師を見学したりする機会が多くあります。その経験を踏まえると、研修講師が陥りやすい失敗として２つの典型例があることがわかります。

　１つ目の失敗は、過度に内容を詰め込んでしまう研修です。大量のスライドや資料を使って研修講師は早口で一方的に説明しているにもかかわらず、参加者がついていけずに学習をあきらめてしまう光景を見たことがあります。参加者に多くの知識を身につけてほしいという講師の思いが、残念な結果につながっているのです。１回の研修で参加者が身につけられる知識の量には限界があります。また、職場での知識の活用を研修の目標とする場合は、一方的な詰め込み型ではなく活用の方法を考えたり練習したりする時間も不可欠だといえるでしょう。

　２つ目の失敗は、活動が学習につながらない研修です。参加者間による議論、事例の検討、発表などのさまざまな活動を研修に組み込んでいても、参加者にはそれらの活動を通して何を身につけたのかわからないというものです。参加者が活発に活動していれば、研修講師は失敗と気づきにくいかもしれません。参加者にとって活動が意味ある学習につながるように、活動の意義の理解や活動の振り返りの時間などを加える必要があるでしょう。

　研修講師が陥りやすいこの２つの失敗は、私が考えたものではありません。教育学において「双子の過ち」と呼ばれるものを、研修にあてはめたものです（ウィギンズ・マクタイ 2012）。２つの失敗は一見似ていないのにもかかわらず双子と名付けられたのは、両者の失敗が目的の欠如という点で共通しているからです。私も研修や授業を担当するときには、そもそもの目的を大切にして双子の過ちに陥らないように心がけています。

　説明の途中で声の大きさを変えることも効果的です。抑揚のない単調な説明は眠気を誘います。注目してほしい、覚えておいてほしいと考えるところでは、声の大きさや高さを変えることで、注意を引くことができます。

　また、ゆっくり話すことにも意識しましょう。準備した内容のすべてを伝えなければならないと考え、早口で説明してしまわないようにしましょう。一般的に聴きやすいのは、１分間で 300 文字の速度といわれ

ています。アナウンサーがニュースを読むときの速度です。また、重要な
内容を話すときは間を置いたり、速度を少し落としたりしてみましょう。

(3)　非言語コミュニケーションを活用する

　研修では、**非言語コミュニケーション**＊を効果的に活用しましょう。
非言語コミュニケーションの1つは、**アイコンタクト**＊です。アイコン
タクトがないと、参加者は自分に話しかけられているとは思いません。
特にスクリーンに投影されたスライドばかり見ていると、参加者に目線
がいかなくなります。参加者の目を見るのが苦手な場合は、参加者のお
でこのあたりや頭上を見るようにします。会場全体を見渡し、参加者一
人ひとりを見つめながら話しかけていくと、参加者は研修講師に気にか
けられているという意識をもち、研修に対する姿勢もよくなるでしょう。
また、参加者の様子を観察することで、研修内容に対する関心の度合い
もわかります。

　ビジュアルハンド＊も研修で活用できる非言語コミュニケーションの
方法です。ビジュアルハンドとは、言語の内容と手の動きを一致させて
強調するボディランゲージのことです。たとえば、「スクリーンの表の

左側の列に注目してください」と言いながら手で方向を示したり、「この原因は3つあります」という言葉に合わせて3本指を見せたり、よくない例を説明する際に「このようなやり方は絶対にしてはいけません」という言葉とともに手で大きなバツをつくったり、発言してくれた参加者に、「ありがとうございます」という言葉とともに拍手をしたりする行為のことです。ビジュアルハンドによって、わかりやすく内容を伝え参加者に印象が残るようになります。

4　参加者の学習への参加を促す

(1)　参加者を受け身にさせない

　研修講師による一方的な説明が続くと、参加者は受け身になりがちです。参加者の学習への集中が途切れてしまうかもしれません。高い学習効果を目指して、参加者の学習への参加を促しましょう。

　研修の進め方については、**90/20/8 の法則***が提唱されています（パイク 2018）。90分以上連続して研修を続けず、少なくとも20分ごとに学習の形式を変化させ、8分ごとに何らかの活動に参加させるというものです。

　学習の形式を変化させるにはどのような方法があるのかについては、参加者の立場で考えるとよいでしょう。講師の一方的な説明の間は、参加者は聞くという学習活動しか行っていません。まずは、聞く以外の学習活動を研修の中に加えることから考えましょう。映像を見る、わからないことを質問する、自分の考えを書く、自分の意見を述べる、グループで議論をするといったさまざまな学習活動があることに気づくでしょう。それらを効果的に組み込むことで、参加者の学習への参加を促すことができるのです。

(2) アイスブレイクを取り入れる

　研修において参加者の参加度を高めるために、**アイスブレイク***を取り入れるとよいでしょう。アイスブレイクとは、参加者の緊張をほぐすことを目的とした活動です。参加者の不安や緊張を氷にたとえ、硬い氷を砕くという意味をもつ言葉です。

　研修の開始時に不安を感じているのは、研修講師だけではありません。参加者もまた、どのような研修講師が来るのか、ほかの参加者はどのような人なのかなど不安を感じています。参加者の不安を和らげ、参加しやすい雰囲気をつくるために、アイスブレイクは効果的な手法です。特に、研修の中にグループワークがある場合は、グループ内の人間関係を構築する目的で、グループメンバーの共通点を探したり、研修内容に関連するクイズにグループメンバーで挑戦したりするアイスブレイクを取り入れてみるとよいでしょう。

(3) 発問と指示を活用する

　参加者自身が考える機会をつくるためには、**発問***と指示を活用するとよいでしょう。一般的に、指導者の言葉は、説明、発問、指示の3種類に大別されます。発問とは、学習者に対して教育的な意図をもって問う行為です。発問は質問の一種ととらえることができますが、指導者がその答えを知っている場合でも学習を促すために尋ねることが含まれるため、質問と区別して発問と呼ばれます。

　具体的な例で考えてみましょう。表9-1は大学になぜ**SD***が義務化されたのかを考えるものです。説明の後に、発問で参加者に考えてほしい内容を問いの形で示します。その後、問いに対する参加者の考えをまとめ、隣の参加者と議論します。最後に、一部のペアに議論の内容を全体に紹介してもらいます。このように、発問と指示を適切に活用することによって、参加者の思考を刺激することができます。個人で考える、2人組で議論する、全体に共有するという一連の活動から構成されるこ

表 9-1　発問と指示の組み合わせの例 1

【説明】「2017 年に大学設置基準によって大学における SD が義務化されました」
【発問】「大学に SD が義務化されたのはなぜでしょうか」
【指示】「考えがまとまったら隣の人と話してみましょう」
【指示】「隣の人と話した結果を会場全体に紹介してください」

出所　筆者作成

表 9-2　発問と指示の組み合わせの例 2

【説明】「2017 年に大学設置基準によって大学における SD が義務化されました」
【発問】「大学に SD が義務化されたのはなぜでしょうか」
【指示】「あなたが考える理由をワークシートに書きましょう」
【指示】「ワークシートに記した内容をもとに隣の人と話してみましょう」
【指示】「議論して新たに気づいたことがあればワークシートに追加してください」
【指示】「隣の人と話した結果を会場全体に紹介してください」

出所　筆者作成

の方法は、**シンク・ペア・シェア***と呼ばれます。

(4)　ワークシートで学習を促す

　研修において、書く活動を取り入れるのであれば、ワークシートを活用しましょう。スライドの配付資料とは別にワークシートを準備することもできますし、スライドの配付資料に参加者が記入できる空欄を用意するという方法もあります。

　ワークシートを活用すると、参加者自身で書き込めるため、それにより個人の思考や理解した内容が可視化されます。記録として残るため、研修での学習の振り返りを、研修後にも行うことができます。また、研修講師にとっては、研修中に参加者のワークシートの書き込み具合を観察することで参加者の学習の進捗状況を確認することができます。

　先に示した事例においても、ワークシートを利用すると表 9-2 のようになります。一度、自分の考えが整理されるため、その後の議論を円滑に進めることができます。

(5)　アクティブラーニングの技法を活用する

　近年では大学教育において**アクティブラーニング***が推進されていま

す。それに伴い、多くの書籍において、アクティブラーニングの技法が紹介されています（中井編 2015）。大学職員の研修においても、さまざまなアクティブラーニングの技法を活用してみましょう。

　グループで議論をするだけでも、さまざまな技法があります。小グループで議論する**バズ学習**＊、異なる立場で理解を深める**ディベート**＊、グループのメンバーを変えていく**ワールドカフェ**＊など、研修の目的に合った技法を活用してみましょう。

　また、メンバーごとに担当を決めて教え合う**ジグソー法**＊、事例の解決を目指す**ケースメソッド**＊、役割を演じることで学ぶ**ロールプレイ**＊、学習成果をポスターにして発表する**ポスターセッション**＊など、大学の授業でも使われている技法は、大学職員を対象とした研修でも活用できます。このようなアクティブラーニングの技法に挑戦することで、職員と教員が共通した経験をもつことができるでしょう。

第 10 章 研修の運営

1 研修の組織的な意義を理解する

(1) 研修は有効な能力開発の方法である

　研修は大学職員の能力開発において重要な役割を果たします。しかし、研修の効果に対して批判的な意見があることも事実です。批判的な意見の根拠としてあげられるものの1つが、**70/20/10 の法則**＊です。

　この比率を単純に比較して「やはり経験が1番大事で、研修はほとんど効果がない」と結論づけるのは早計です。研修でしか学べないような知識や技能はあります。また、多くの大学職員にとって研修に費やす時間はわずかなものです。それにもかかわらず、能力開発において研修の効果が10％もあるのだとすれば、効果的であるという見方もできます。

　ただし、効果的な研修とそうでない研修が存在することも事実です。研修の効果を高めるためにも、どのような研修が効果的であるのかを踏まえて研修を運営することが重要になってくるのです。

(2) 研修は学習以外の効果もある

　大学職員が集合して行う研修は、能力開発の場であると同時にコミュニケーションの場でもあります。そのことを活かしたもっともわかりやすい例は、新任職員研修ではないでしょうか。新任職員研修の目的は、大学の業務遂行上の基本ルールなどを学習することかもしれません。しかし、それだけではなく、同期の絆を深めるという目的ももっているの

です。研修時間内のグループワークや研修時間外の懇親会など、同期とのコミュニケーションの場が多く設けられているのはそのためです。

　また、留学生対応に苦慮している教務系の職員が、国際関連の業務を担当する職員と研修中に交流することもあるでしょう。交流により、留学生対応のヒントとなる情報を収集できることもあります。交流がきっかけで、国際関連の部署との協力体制が構築されるということもあるでしょう。このように、研修をきっかけに生じるコミュニケーションが人的ネットワークの形成や他部門への理解につながり、それがさらに、業務の課題解決につながることもあるのです。

(3)　研修は手段の1つである

　研修は能力開発の重要な方法ですが、大学にあるすべての課題を解決するものではありません。問題解決のための1つの手段と考えるべきです。

　たとえば、教務課で留学生に英語で対応できるようにしたい場合を考えてみましょう。その手段は、教務課の職員への研修のみではありません。英語が堪能な職員の配置を人事課に要望したり、英語ができる非常勤職員を雇用したりするなど、さまざまな手段があります。同様に、複雑な操作を要する機器を使うことが求められる場合も、研修によって操作方法の技能を高めるだけでなく、使用時に業者のサポートを得たり、操作が簡単な機器を別途購入して多くの職員が使えるようにしたりといった方法もあるでしょう。研修を行うべきかどうかは、研修以外の手段と比較しながら検討すべきものです。

　研修によって大学内の課題を解決することが、大学にとって最適解なのかどうかを確認する姿勢が求められているのです。

2　研修を企画する

(1)　研修の運営のプロセスを理解する

　研修の運営には標準的なプロセスがあります。それは、ニーズの把握、企画立案、広報、実施、評価・報告という5つのステップで進めるというものです（佐藤他編 2016）。このプロセスは、研修を実施する前のニーズの把握に基づく企画立案が重要であることを示しています。

図 10-1　研修運営の標準的なプロセス
出所　佐藤他編（2016）、p. 25

(2)　研修のニーズを把握する

　研修の企画はニーズの把握から始まります。研修のニーズを分析することで、目的や目標を適切に設定することができます。研修は、大学職員の能力開発の一形態であり、大学や部署がどのような能力開発を求めているのかを分析する必要があります。

　研修担当者は、まず、大学のニーズが何であるかを考えるとよいでしょう。大学が求める職員像や公表している大学の計画などはその参考となる情報です。大学が求める職員像の中には、一定の役職において身につけておくべき能力が記載されている場合があります。また、大学の計画には、留学生数を増加させるなどの大学としての目標や計画が書かれています。裏を返せば留学生に対応できる職員を求めているということが把握できるでしょう。

　また、部署のニーズと参加者のニーズを検討することも欠かせません。しかし、部署や参加者個人が求めている能力は、大学が求める職員像や

大学の計画のように明文化されていないことが多いでしょう。そこで、現場の声を聞くことが大事になります。研修への要望についてアンケートを行うことはその方法の1つです。さらに、さまざまな部署などを見学したり、管理職だけではなく参加者となる職員から情報を聞き取ったりしてニーズを把握することも大事でしょう。

さらに、潜在的なニーズについて考えることも重要です。学部や学科構成、事務組織図、学生数、教職員数などのデータから潜在的なニーズを読み取ることができます。たとえば、留学生数が急増しているのであれば、英語で対応ができる職員が足りているのだろうか、退学率が高いのであれば、学生支援に問題を抱えているのではないだろうかという問題が想定できます。これらのことから、英語で日常会話ができる職員が求められているのではないか、学生相談に関する知識を身につけている職員が求められているのではないかという潜在的なニーズを想定することができるでしょう。

また、他大学の研修担当者との情報交換、勉強会などへの出席を通して、最新情報を集めて分析し、自分の大学の潜在的なニーズを探索することも必要でしょう。

(3) 研修の目的と目標を明確にする

研修のニーズを明確にできれば、研修の目的と目標を適切に定めることができるでしょう。目的と目標にはさまざまな定義がありますが、ここでは次のように定義します。

目的は、学習する意味と学習した後の参加者の変化を指す言葉です。参加者がなぜ学ばなければならないのかということと、学んだ後にどのような行動変容を期待しているかを明確にしたものともいえます。

目標は、目的で示した行動変容を実現するためにやるべき細分化した行動目標、つまり学習の到達地点を指します。その研修を受講した後に、参加者が研修の目標で示した状態になっていることが期待されるのです。

目的も目標と同様に、参加者を主語にした表現で示します。たとえば、

　新任職員研修の目的であれば、「本学職員として業務遂行上の基本的
ルールにそった行動ができるようになる」といった文章になるでしょう。
目的は総括的な文章を用いるのが一般的です。ちなみに、「基本的ルー
ルにそった行動ができる」という目的であれば「行動ができる」という
状態を「大学における文書作成の規則を説明できるようになる」「要点
をまとめて上司へ報告・連絡・相談ができるようになる」といった目標
に細分化することができるでしょう。このように1つの研修であっても、
複数の目標を設定することが一般的です。

　成人は、学習する意味を十分に意識できると意欲的に学びやすくなり
ます。参加者の意欲向上のためにも、ニーズを反映させた研修の目的と
目標を定めることが重要なのです。

(4)　適切な研修講師を選択する

　研修の企画においては、担当する研修講師を適切に選ぶことも重要で

す。研修講師は大きく分けて学内の教職員に依頼するか、学外の教職員や研修業者に依頼するかの２つに分けられます。研修担当者は内部講師と外部講師それぞれのメリット、デメリットを理解して、研修の目的と目標を達成するために、どちらが適切なのかを考えなければなりません。最初は外部講師を招聘して、その後内部講師に切り替えるという**研修の内製化***を進めていく計画を立ててもよいでしょう。

内部講師のメリット・デメリット

　内部講師を選択するメリットは、自大学の実情に詳しいことと、必要な費用を抑えられることです。内部の教職員が学内で経験し独自に身につけた知識、技能、経験といったものは外部講師には教えることができません。これは内部講師を選択する最大の意義です。また、職場の実情を知る人材が講師を務めることにより、参加者との一体感が生まれやすく、効果的な学習が期待できます。研修講師自身にとってのメリットもあります。研修講師としての経験が自身の成長につながるだけではなく、参加者との交流を生み、それにより新たなネットワークが形成できるからです。

　しかし、内部講師の多くは、特定分野の専門家ではありません。そのため、参加者から経験則だけで教えているのではないかと見られがちで、外部講師に比べて参加者に対する影響力が小さくなってしまうおそれがあります。また、研修講師を引き受ける人材を見つけるのが難しいということもデメリットです。普段の業務では同時に多人数を教える機会が少ないため、研修講師をする自信がないという大学職員もいるでしょう。最近では、四国地区大学教職員能力開発ネットワーク（SPOD）のように、各大学での内部講師を養成するプログラムを提供している団体もあります。そのような機会を活用して内部講師を養成するという方法もあるでしょう。

外部講師のメリット・デメリット

外部講師を選択するメリットは、専門的な知識をもっていることです。著作権に関する最新の情報、教員免許業務の法規の解釈、メンタルヘルス・マネジメントといった高度な専門性が要求される研修の場合、外部講師に委託することが適当でしょう。また外部講師には、内部講師では言えないような課題を指摘することができるのもメリットでしょう。研修担当者は、この点をうまく利用するとよいでしょう。

しかし、研修講師が研修を実施する大学の職場の実情を知らないことと費用を要することは、外部講師に依頼するデメリットといえるでしょう。研修担当者には、職場の実情を理解してもらうために、講師にしっかりと研修の目的を伝え、適切な目標を研修講師と定める責任が生じます。また、企画している研修の分野に強い研修講師を選ぶことも求められます。他大学の研修担当者と、研修講師についての情報、その得意分野、教え方、参加者からの評価などの情報を交換することは研修担当者の大切な役割なのです。

(5) 実施要項を作成する

研修の概要が定まったら、実施要項にまとめていきましょう。実施要項には、研修の名称、主催者、目的や目標、対象者、実施日時、実施場所、講師、研修内容、スケジュール、留意事項などが記載されます（巻末資料4）。実施要項の内容は研修講師が研修を組み立てるための指針になるので、研修講師と一緒に作成するのが望ましいでしょう。少なくとも、実施要項の内容が研修講師と共有できていることが必要です。

実施要項を作成するうえでは、研修の方法も検討しましょう。研修の目的と目標にそって、講義型の研修とワークショップ型の研修のどちらが適切なのかを検討し決定しましょう。また、実施日時や実施場所も対象者が集まりやすいものになるように配慮しましょう。

⑹ 研修を告知する

　研修の実施要項が作成できたら、研修の告知をします。研修の告知には学習意欲を高めるように、目を引くタイトルでビジュアルに気を配ったものを作成することが推奨されています（中原 2014）。

　告知は、参加を検討しそうな職員だけではなく、その上司に宛てるものでもあります。つまり、上司が部下を研修に参加させたいと思わせるような工夫が必要となります。工夫の1つが「〜できるようになる」と設定した目標でしょう。自分の部下に足りないと感じている行動目標が実施要項に書かれていたら、上司は研修に参加させることに対して積極的になるでしょう。

　参加者決定後の連絡も重要です。参加者を決定したら事前連絡を行いましょう。その際に、事前アンケートや事前課題を出すよう研修講師から依頼されることもあります。参加者のレベルや関心を事前に講師が知り、研修当日の学習内容を絞ることができれば、研修の効果を高めることができます。ただし、事前課題が多すぎたり難しすぎたりすると参加者の負担になります。研修担当者は、受講意欲を低下させるような事前課題とならないよう留意しましょう。そして、参加者にとって無理のない範囲で行うことを心がけましょう。

3　参加者の学習を促す環境をつくる

⑴　会場の下見をする

　研修会場の下見は必ずしておきましょう。どこで受付をするか、マイクは何本使えるか、ホワイトボード用のマーカーは揃っているか、照明や空調のスイッチはどこにあるか、AV 機器の操作ができるか、ネット接続の方法などを必ず事前にチェックしなければなりません。特に、研修ではパソコンとプロジェクタがよく使われます。講師が持参するパソ

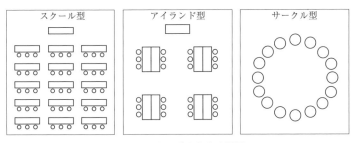

図 10-2 さまざまな座席配置

出所 筆者作成

コンの映像端子と会場のものが合わないことはよくあります。パソコン
には HDMI 端子しかなく、会場の RGB 端子と接続できないといった
ようなことです。事前に確認しておけば、HDMI 端子と RGB 端子の変
換アダプタを用意するなどの対策をとっておくことができるでしょう。

(2) 座席配置を工夫する

　研修会場は学びの空間です。学びの空間づくりで大事なのは、机と椅
子の配置です。研修でよく用いられるのは、スクール型、アイランド型、
サークル型です（図 10-2）。

　スクール型は多人数の参加者向けに情報提供する講義形式の研修に適
しています。ただし、参加者同士で議論しにくい環境となります。アイ
ランド型は、2〜6人程度での議論やグループワークを行う場合に適し
ています。グループの親睦が深まりやすい形式です。サークル型は椅子
を円状に配置した形式です。参加者同士で自由にディスカッションする
場合に適しています。

　着席方法も工夫してみましょう。自由に着席できるようにすると、学
習意欲が低い参加者は講師から遠く離れた場所に座る傾向があります。
また、知り合い同士で座ってしまうと、同じグループのほかの参加者は
居心地を悪く感じて学習意欲を低下させることもあります。参加者が自
由に着席できるようにする方法は、研修担当者にとって準備が楽ですが、
学習意欲の格差が生じやすくなります。そのため、座席を指定して、部

署、経験、年代が異なる人が交流できるように、新鮮さや適度な緊張感をもった学習環境にするとよいでしょう。

また、机と椅子の配置は研修の時間ごとに変化させることもあります。研修担当者は担当する講師と座席配置を変えるタイミングについてあらかじめ相談しておくことが必要です。

(3) 開始に向けて参加者の意欲を高める

研修は快適な雰囲気で始めましょう。そのためには参加者を歓迎している雰囲気を出せるとよいでしょう。

まずは、受付について確認しておきましょう。長い行列ができるのを避けるために、スタッフは十分な数を配置しておきましょう。また、受付では心地よいあいさつを心がけましょう。

研修の最初には管理職のあいさつを入れることが多いでしょう。管理職のあいさつによって、大学における研修の重要性を示すことができます。ただし、あいさつをする管理職には事前に研修の意義を伝えておく必要があります。

研修を開始するにあたって重要なことは、参加者全員に研修の目的と意義を理解してもらうことです。研修の目的や目標については、スクリーンに提示して強調するとよいでしょう。また、研修講師がなぜこの研修の講師として適切なのかも説明するとよいでしょう。それらを丁寧に伝えることで参加者は、学習に対する意欲を高めるでしょう。

(4) 研修の進行を確認する

研修講師による研修が始まっても、研修担当者が担うべき役割はあります。常に会場全体を観察するようにしましょう。室温、部屋の明るさ、スクリーンの見やすさ、マイクの音量などの調整や進行状況の管理を行うようにしましょう。

研修講師が指導するうえで困っていることはないか、そして参加者が学習するうえで困っていることはないかを確認しましょう。今のトピッ

クは参加者があまり理解できていないようだ、あのグループはまだワークが終わっていないようだ、などと学習状況を把握しましょう。そういった情報を適度に研修講師に伝えることが重要です。また、研修はスケジュール通りに進まないこともあります。その際には研修講師と相談しながら時間調整を行いましょう。

　研修が長時間になる場合、適度に休憩を入れましょう。休憩中には窓を開けて空気を入れ替えるとよいでしょう。また、飲み物やお菓子などを準備しておくと、参加者たちが飲み物を片手に内容について議論し始めるかもしれません。

4　研修を評価する

(1)　4段階評価法を理解する

　研修後には必ず評価を行いましょう。評価を行うことで研修の効果と課題が見えてきます。研修の評価に活用される枠組みとして、**カークパトリックの4段階評価法*** （表10-1）があります。この評価方法の特徴は、4つのレベルの評価を設定し、時間の経過に合わせた適切な評価をすることを示していることです。

　レベル1は、参加者の反応を評価するものであり、研修に対して満足したかどうかを確認するものです。研修終了時のアンケートによって評価することができます（巻末資料5）。

　レベル2は、参加者の学習を評価するものであり、研修で扱った内容

表 10-1　カークパトリックの4段階評価法

レベル1	反応	研修に対して満足したか
レベル2	学習	研修で扱った内容を理解したか
レベル3	行動	研修で扱った内容を業務において活用できたか
レベル4	業績	研修で扱った内容が組織の成果に貢献したのか

出所　Kirkpatrick & Kirkpatrick（2006）、pp. 21-26 より筆者作成

を理解したかを確認するものです。研修終了時に理解度テストなどで学習の到達度を測定することができます。

　レベル3は、参加者の行動を評価するものであり、研修で扱った内容を職場実践において活用できたかを確認するものです。一般的には、研修終了後3〜6カ月してから、本人、上司、部下にヒアリングやアンケートで行うことで評価することができます。ただし、研修の終盤で「研修で学んだことをあなたはどのように活かしますか」という課題を与えて、行動変容に向けた計画を確認するという方法もあります。

　レベル4は、業績を評価するものであり、研修で扱った内容が組織の成果に貢献したのかを確認するものです。たとえば、アサーティブ・コミュニケーションの研修を受講した結果、係内のコミュニケーションが活発になり、超過勤務時間がかなり削減されたとしましょう。この場合、参加者の行動変容が他者の行動に影響を与え、その結果、組織の超過勤務時間削減につながった可能性があります。しかし、研修の成果と組織の成果の間の因果関係は複雑であり、正確に測定することは容易ではないことに留意すべきです。

　現実的には、4つのレベルの評価をすべて厳密に行うと費用と手間がかかります。4つすべてを行わなければならないわけではありません。ただし、研修は何のために行っているのかということを考えると、レベ

ル1の満足度だけの評価では不十分でしょう。特に大学の管理職は、レベル3の行動変容やレベル4の業績への貢献に関する評価を期待します。数時間の研修であれば、研修直後のアンケートで学習の状況について確認するまででよいかもしれません。しかし、長期の研修や高い費用を要する研修においては、研修実施の数カ月後に、業務での行動変容や組織への影響などを評価することが求められるでしょう。

(2) 評価結果を改善につなげる

　研修のアンケートを集計して、その結果を研修担当者の部署内で回覧すれば終わりということがよくあります。よりよい研修にするために、研修担当者には、アンケート結果を分析して評価することが求められています。それだけではなく、研修担当者は、研修の合間や直後に、研修のうまくいった点とうまくいかなかった点をリスト化し、改善の方法を考えることも必要です。参加者の視点と研修担当者の視点で研修を評価し、次に活かすことが大事です。

　評価結果を検討するのは研修の直後がもっとも適しています。研修の直後のため、関係者は疲れていますが、うまくいった点とうまくいかなかった点がもっとも鮮明に記憶に残っているうちに、参加者の意見と合わせて分析しましょう。一時的には大変かもしれませんが、研修終了後に日程調整をして会議を開催し、あいまいな記憶を頼りに振り返りをするよりは効果的です。

　評価を実施したら報告書にまとめます。報告書の中では、参加者数やアンケートの結果などを記したうえで、次回に向けた課題とともに、その改善方策をまとめましょう。研修担当者が変更されても適切に引き継がれるよう、丁寧にまとめておきましょう。

第11章 自己啓発の支援

1 自己啓発とその意義を理解する

(1) 自己啓発とは何か

　必要や関心に応じて個人や有志のグループで自発的に進めていく学習が**自己啓発***です。厚生労働省は自己啓発を職業生活と関連づけて、「労働者が職業生活を継続するために行う、職業に関する能力を自発的に開発し、向上させるための活動」と定義づけています（厚生労働省2020）。最初は **OJT***を補完する学習の機会として位置づけられることが多かったのですが、社会状況や労働環境の変化などをうけ、能力開発の重要な柱の1つとして大きな役割を与えられています。

　自己啓発の多くの定義は、趣味や娯楽にかかわる活動を対象から除外していますが、その線引きは必ずしも明確とはいえません。業務外で続けていた個人的な趣味としての活動が、何らかのきっかけで業務に活かせることもあるでしょう。

(2) 自発的な学習である

　自己啓発は個人の自発的な学習であるところに最大の特徴があります。基本的に誰の指示にもよらず進められていきます。学習者が選んだ対象について、それぞれの必要や事情に応じて、独学あるいは有志との学習で進めていくのです。

　自己啓発は、学びの場である大学にふさわしい学習のあり方だといえ

るでしょう。大学は教育機関として、学生に自発的な学習を期待し、支援にあたっています。そのような組織の一員である大学職員が自発的に学習に励むことは、学生への模範としても重要な意義をもちます。自己啓発に励む大学職員に対して支援を提供することも、学びの場としての大学が果たすべき大切な役割といえるでしょう。

(3) 自己実現に結びついている

自己啓発は自己実現に寄与する活動です。自分がどのような生き方をしたいかを見い出したり、望む生き方を実現したりするために自己啓発が行われることも多いでしょう。

これからの**キャリア***を見すえて行う自己啓発にも同じことがいえます。国際連携にかかわる業務を志す大学職員が、英語の学習を行うことはなりたい自分を目指して行われる自己啓発と位置づけられます。希望する業務に必要な資格を目指すのも1つのあり方です。もちろん、仕事に直接かかわらない自己啓発の活動もあります。

こうしたことから自己啓発に励む大学職員の意思は尊重されるべきでしょう。他者からすると一見意味がないように思える学習であっても、それを否定するのは適切ではありません。また、自己啓発の成果を業務に還元することを過度に要求するのも、自己啓発のあり方にそったものとはいえないでしょう。

(4) 業務改善への意思が自己啓発を促す

日々の業務をよりよくしたいという意思が自己啓発を促すこともあります。業務に求められる能力を身につけようと、OJT や **Off-JT***だけでなく、業務外でも学習に取り組む大学職員もいるでしょう。人事異動や昇進・昇格を機に、新たな業務に対応するための自己啓発に取り組む職業人が多いことも指摘されています（佐藤・末廣 2020）。パソコンスキルに不安のある大学職員が書籍や教室で学習する活動、取り組んでいる企画に法律の基礎知識が必要と感じ、自発的にセミナーなどに参加す

る活動などがこれにあたるでしょう。

2 自己啓発支援の制度を整える

(1) 自己啓発支援の意義を理解する

　自己啓発は個人が自発的に行うため、難しさもあります。その最たる例が、学習を継続することの難しさです、強制力が働かない状況で、自分の中の動機づけだけで中長期的に自己啓発を続けていくのはとても難しいことです。ほかにも場所や時間の問題、経済的な問題などさまざまな難しさがあります。

　自己啓発が業務においてのみならず、個々の大学職員の人生全体にとっても有意義であることから、大学はこれらの難しさを低減するための支援を行うべきでしょう。自己啓発に対する個人の主体性を最大限発揮できるような環境や体制とは何かを、組織として考えるべきといえます。

　自己啓発支援の制度を設けることで、自己啓発に関心のある大学職員を後押しすることができるでしょう。支援制度があることで、時間や経済的理由で二の足を踏んでいた大学職員が学習を始めようとするかもしれません。さらに、それほど意欲的でなかった大学職員が検討するきっかけになることもあります。

　企業では 1960 年代ごろから、自己啓発支援の組織的な制度が整えられるようになりました（増田 1999）。当初、支援を実施する業種や、支援対象は限定的でしたが、徐々に自己啓発の重要性が広く認識され、支援する制度も普及していきました。この動向は大学にもおよび、今日では、大学職員の自己啓発支援に関連する制度を設けたり、職務規程として自己啓発について明記したりする大学が増えています。

表 11-1 支援の対象になる自己啓発の例

・通信教育や外部団体開講講座の受講
・資格取得、語学試験などの受験
・大学・大学院などの授業の受講
・学会・研究会などへの参加
・大学が行う公開講座などの受講
・個人による文献などを用いての学習
・文献などを用いての勉強会や共同研究
・外部講師を招いての講演やディスカッションなど

出所 筆者作成

(2) 情報提供を行う

　自己啓発支援の1つに大学職員への情報提供があります。自己啓発を志す大学職員にとって有益になる情報を整理して示しましょう。

　提供すべき情報としてまずあげられるのは、どのような学習機会があるかです。たとえば大学が提供するeラーニングの内容や使い方、放送大学をはじめとした学外の教育機関などが提供する**通信教育**＊やセミナーの内容などです。学習に必要な時間、期間や費用といった関連する情報も含めて紹介すると、学習者が自身に合った学習機会を選択しやすくなるでしょう。

　また、自己啓発支援を受けようとする大学職員のために、支援を受ける手順や必要な書式などについて明示するのも重要です。ここでは大学が実施する支援のほかにも、**教育訓練給付制度**＊をはじめとした大学以外が実施する支援制度についても言及するとよいでしょう。

　学習の進め方や具体的な事例を紹介してもよいでしょう。たとえば、過去に自己啓発支援の制度を活用した大学職員のインタビューや、自己啓発の内容についての報告書を紹介することで、学習に対するイメージを具体的に示すことができるでしょう。

(3) 教材を提供する

　学習のための教材の提供も、自己啓発支援となります。この支援はまさに、教育機関としての大学の強みを活かしたものです。大学は、学内

に多様な学習資源を有しています。大学職員の自己啓発にも、これらの学習資源を存分に活用できます。

たとえば、図書館には多種多様な蔵書や視聴覚資料があり、その中には一般の公共図書館などでは扱っていない専門性の高いものも含まれています。大学教職員の学習に特に有益な書籍を選書し、図書館に配架して、それらの書籍を紹介するブックガイドを作成している大学もあります（愛媛大学教育・学生支援機構教育企画室 2016）。

(4) 経済的支援を行う

学習を進めようとする大学職員に、経済的支援を提供する大学もあります。具体的には、学外の学習機会に必要な費用や交通費を支給したり、学習のために個人で購入した書籍の費用を負担したりする支援です。

経済的支援の実施には、ある程度明確なルールが必要になるでしょう。学習に必要な経費の支援を全額にするのか一部にするのか、資格取得の支援であれば合格を前提としたものにするのかなど、一定の基準も必要です。また、何らかの形で学習したことの証明を求めることもあります。講座や研修の修了証書を提出することを、経済的支援の条件にする大学もみられます。

自己啓発のための予算は、年度当初に配分されるもの以外に得られる場合もあります。たとえば、年度末が近づいた段階で、部署の予算に余剰が出ている場合です。このような予算は通常、消耗品などの物品に活用されることが多いですが、書籍の購入や研修の受講に充てることができるかもしれません。予算の使い道として、自己啓発の支援を選択肢に含められないか検討してみるとよいでしょう。

(5)　場所と時間を提供する

　大学職員が自己啓発を進めるうえで、場所と時間の確保は課題となりやすいものです。複数人が集まって議論する場や、個人で静かに学習できる場など、学習にあった環境が確保されなければ、効果的な学習は期待できません。また、残業が多いと自己啓発を行う時間を確保することが難しいでしょう。自己啓発に必要な場所や時間を提供することは、自己啓発支援の重要な要素となります。

　学内には1人での学習からグループでの議論まで、さまざまな学習にあった学習空間が用意されています。これらの学習空間を大学職員にも使えるようにすることがまず考えられるでしょう。場合によっては会議室なども勉強会の会場になるかもしれません。自己啓発のための使用を認めることも支援となるでしょう。

　また、時間の提供は業務の調整や休暇制度の運用によって可能になります。大学院への通学や自己啓発のための休職制度を規程に含む大学もあります。

(6)　報告の機会をつくる

　自己啓発支援を受けた大学職員が何らかの形で成果を報告することで学習の効果を高めることが期待できます。実際、多くの大学では自己啓発支援を受けた大学職員に対して、研修報告書の提出や研修報告会での発表を義務づけています。

　報告の機会があることは、学習した内容を振り返り、他者へわかりや

すく説明しなければならないため、学習者である大学職員自身にとって有益です。効果的な振り返りを促すため、報告の書式を工夫することもできます。たとえば、学習内容や学習期間、経費などの事実を記載する以外にも、研修の具体的な成果や業務への活用といった内容を含めて報告を求めている大学があります（学校法人西南学院研修制度運営委員会2015）。

(7) 人事制度との連動を図る

　自己啓発による学習の成果を、人事制度に反映させる大学もあります。具体的には特定の資格や免許の取得を、昇給などの処遇や異動に反映させることです。人事に関する規程の中で、資格の種類や具体的な基準が示されていれば、大学職員の学習意欲を高めることにつながるでしょう。
　大学職員の目標管理や人事考課の評価の観点に、自己啓発での取り組みを含める場合もあります。もちろん人事考課としては、業務での成果をまず考慮すべきでしょう。自己啓発を人事考課に加えるかどうかについては、組織によって考え方が異なりますが、業務に必要な能力開発として行われる自己啓発については、人事考課の対象として位置づけられる場合もあるでしょう。

3　指導対象者の自己啓発を促進する

(1) 学習ニーズを把握する

　指導対象者の自己啓発を促進するために、指導者はさまざまな支援を行うことができます。支援を行うにあたり、まずは本人の学習ニーズを把握することが重要です。しかし、指導対象者が何を学びたいかを語ってくれることは、それほど多くないでしょう。また、自己啓発の必要性を感じている指導対象者であっても、何をどのようにして学ぶべきなのかがわからないかもしれません。

そのため、指導者は積極的に指導対象者の学習ニーズを把握するようにしましょう。たとえば、指導対象者が研修を受けた直後に、研修で興味をもった内容や、今後学習したいと考えたことについて尋ねてみるとよいでしょう。また、指導対象者が業務でうまくいかなかったときも、自己啓発を促す機会です。指導対象者の精神面や業務そのものへのフォローと併せて、能力開発に向けた学習ニーズについても議論するようにしましょう。さらに、学習ニーズは指導対象者のキャリアの展望とも大きくかかわります。指導対象者が希望するキャリアを定期的な面談などの機会を利用して把握し、キャリアの実現に向けて必要な学習が何かを一緒に考えるのもよいでしょう。

(2) 自己啓発支援の制度の活用を促す

大学におけるさまざまな自己啓発支援の制度は、個々の大学職員の能力開発に役立つよう設計されています。したがって、指導者の立場としては指導対象者に制度の活用を促すべきでしょう。ただし、その際には指導対象者の意思が尊重されるべきです。自己啓発はそもそも自分の意思で学習する活動であり、他者が強制するべきものではないためです。

また、自己啓発に関心があってもさまざまな理由で制度を活用しない大学職員がいます。どのような学習が自分の目指すキャリアに必要なのかがわからなかったり、職場のほかの大学職員に迷惑がかかるのではないかと考えたりするからです。そのような場合は業務の方法や分担について、部署による支援ができないかを検討してみましょう。指導者が、業務の方法や分担について、上司に働きかけてみることもできるかもしれません。また、指導者自身に指導対象者が希望する自己啓発と似たような経験があるのであれば、その経験を伝えることも有効でしょう。

(3) さまざまな自己啓発を促進する

大学が制度として支援しているもの以外にも、さまざまな自己啓発の機会があります。たとえば、放送大学の授業、他大学の公開講座、生涯

学習センターでの講座、英会話学校、民間会社によるセミナーなどがあげられます。また、大学院の進学に対する支援制度を設けている大学は2割程度です（安田 2015）。したがって、約8割の大学に所属する職員は自己啓発支援がない状況で大学院に進学していることになります。

このほか、大学職員が申請して獲得できる研究費もあります。**科学研究費助成事業**＊の奨励研究はその代表例です。教育現場での実務に基づいた研究などが対象となり、大学教員と同じように経費に基づいて研究を進めることができます。指導者は、大学が用意する自己啓発支援制度以外にも、指導対象者の学習につながる機会を探すようにするとよいでしょう。

(4) 越境学習を奨励する

大学職員の自己啓発は自分の意思で行うため、所属する大学の境界を飛び越えて学習することもあります。このような学習は**越境学習**＊と呼ばれます（中原 2012）。越境学習によって、所属大学にいては気づかなかったような新しいアイディアを生み出したり、新しい知識や技術を身につけたり、自身のキャリアを問いなおしたり、新しい仲間を得たりすることができるでしょう。指導者は指導対象者に学外に出て学ぶことのこれらの意義を伝えることで越境学習を促すことができるでしょう。

越境学習の機会として、他大学の大学職員とともに学習する勉強会を開催することがあります。また、学会や研究会などもさまざまな大学の教職員が参加しているため、越境学習の好機といえます。

さらに、大学以外の企業や団体に勤める人とともに学習する機会も重要です。現在では、SNS やウェブサイトを活用することにより、既存のさまざまな学習コミュニティを見つけたり、新たに学習コミュニティをつくったりすることもできます。異なる業界の人との交流は、大学ではあたりまえのことが必ずしもそうではないなど、新たな気づきを得る機会になるでしょう。

(5) 不適切な自己啓発の機会には注意する

　研修やセミナーとよばれるものの中には、大学職員の自己実現につながらない活動があります。指導対象者がそのような活動にかかわっていないかについて、指導者は注意すべきです。たとえば、自己啓発セミナーの名前を冠した研修には、高額な教材や商品を売りつけるものや、一種の洗脳に近いものなど悪質なものが存在しています。こうした種類のセミナーなどにはまりこんでしまうと、その大学職員本人はもちろん、家族や職場にも悪影響を及ぼしかねません。

　指導対象者が自己啓発として参加している研修やセミナーに対して不審な点を感じた場合、指導者はその研修やセミナーを運営する企業について調べてみるようにしましょう。また、指導者は指導対象者に対して、参加したセミナーの雰囲気に違和感を覚えたときにとるべき行動などを伝えておくとよいでしょう。

　万が一、指導対象者がそういった研修やセミナーに参加し、大きな不利益が生じてしまった場合は、警察を含め学内外の相談機関からの助言をできるだけ迅速に得るようにしましょう。

(6) 学習成果を活用できる業務を任せる

　指導者としては指導対象者の自己啓発を単に支援するだけでなく、自己啓発の成果を活用できる機会をつくりだすことも重要です。自己啓発は、個々の大学職員の自己実現のために行われることが多いですが、工夫次第でその成果を業務にも取り入れることができるでしょう。指導者は指導対象者と相談したうえで、自己啓発の成果を活用できる業務を割り当てられないか考えてみましょう。

　大学には、自己啓発の成果を活用できるさまざまな業務があります。たとえば、英会話の学習を続けている大学職員には、留学生や外国人教員の対応やメールの連絡などを依頼することができるでしょう。書道の段位を有している大学職員には、入学式などの各種イベントで使用する

看板の文字について筆を執ってもらえる可能性があります。指導者は、指導対象者が自己啓発で身につけた知識や能力についても関心を払い、業務に活用する機会をつくることができないか検討してみるとよいでしょう。

第12章 能力開発の促進と発展

1 能力開発の促進に向けた指針とは何か

(1) 制度があれば機能するとは限らない

　大学の活動は、学内外のさまざまなルールにしたがって遂行されています。能力開発においても、人材育成計画や **OJT**＊、**Off-JT**＊、**自己啓発**＊をそれぞれ促進するような制度が設けられています。

　しかし、能力開発のさまざまな制度があっても、あまり利用されないものや形骸化してしまうものがあります。たとえば、自主勉強会を支援する制度を設けていても、企画する大学職員がいない場合が考えられます。すべての大学職員に義務づけている研修であっても、内容が身についていないこともあるでしょう。つまり、制度があっても機能するとは限らないのです。

　制度を機能させるために、組織としてさまざまな働きかけを行うことができます。受講者が少ない研修であれば、人事部門から直に候補者に連絡することができるでしょう。また、研修報告書の提出を義務づける方法もあります。ただし、人事部門にとっては、誰が参加したか確認する作業や、揃えなければならないエビデンスが増えるなど、業務の負担は増えてしまうことが課題となります。

　このような課題は、人事部門だけに生じるわけではありません。たとえば、部署内のコミュニケーションを目的とした定例的なミーティングの機会を設けても、話し合うテーマがない場合や、出席者が少ない場合

もあります。

　能力開発の制度は、大学としての目的の達成と、個々の大学職員の自己実現を促すためにつくられています。しかし、制度がうまく機能するには、さまざまな課題があります。これらの課題を解決するためにはまず、組織の構成員一人ひとりが能力開発の制度と向き合うことが必要です。大学職員は、能力開発の制度を利用する立場にも制度をつくる当事者にもなりえます。さまざまな立場から、制度を適切に機能させるための行動を起こさなければならないといえるでしょう。

(2)　能力開発を働きかける職場にする

　能力開発の機会が多いか少ないかは、職場の状況の影響を大きく受けます。まず、業務を通した能力開発である OJT は、職場内で自然に発生するとは限りません。指導者の不足や指導者の指導に使える時間がないといった課題は、多くの職場で生じています（厚生労働省 2020）。適切な指導を行う指導者がいなければ、OJT による能力開発は難しくなってしまうでしょう。また、どのような業務を通じて OJT を行うかも、能力開発に影響を与えます。簡単すぎる業務や難しすぎる業務は、指導対象者にとって能力開発の機会にはなりにくいでしょう。

　Off-JT についても、職場の状況は影響します。職場が気持ちよくOff-JT に送り出す雰囲気があるかどうかによって、指導対象者の学習意欲は左右されます。指導者や同僚が研修に行くことに対して不快感を示すような職場であれば、指導対象者は研修に参加しづらい気持ちになるでしょう。したがって、OJT、Off-JT を促進するためには、職場として積極的な働きかけが必要です。

(3)　業務の成果につなげるようにする

　Off-JT による研修の評価は、**カークパトリックの4段階評価法***に基づき行われることがあります。この4段階でいうレベル3やレベル4にあたる行動変容や業績向上に、研修成果を結びつけるのは難しいとい

われています（Lim & Nowell 2014）。

　行動変容や業績向上に結びつけにくい点については「実際は受講後に職場に戻っても得た知識やスキルをほとんど活かすことができないケースも多い」といったように、大学職員の文脈でも同様の指摘があります（福島 2010）。たとえば、特定の部署で必要な能力を身につけたとしても、ほかの部署に異動すれば前の部署で身につけた能力を活かすことができない場合もあるでしょう。大学職員の業務においては、必要な能力を具体的に特定することが困難であるといわれています（夏目 2013）。こうした大学職員の業務がもつ特徴も、研修で得た知識やスキルを活用するのが難しい要因といえるでしょう。

　以上のことを踏まえ指導者は、指導対象者が研修によって身につけた能力を活かすために何ができるかを考えなければなりません。その手がかりとなる考え方が、**研修転移**＊とよばれるものです。研修転移とは、研修で学習したことを業務において汎用的に役立てることができ、その効果が続いている状態のことを指します（中原 2014）。研修の前後で、研修転移を促すために指導者ができることを理解しておくとよいでしょう。

2　能力開発を促進する

(1)　OJT を計画的に行う

　OJT の中でも「教育訓練に関する計画書を作成するなどして具体的な内容を定めて、段階的・継続的」に実施するものは「計画的な OJT」とよばれます（厚生労働省 2020）。具体的な内容とは、指導者や指導対象者、期間、対象となる職務などです。計画的な OJT により、指導対象者は適切な指導をより確実に受けることが期待されます。

　計画的な OJT の代表的な方法として、**メンター制度**＊の導入があります。メンター制度とは、先輩の大学職員を指導者として、新人や若手

の大学職員を指導対象者として位置づけるものです。メンター制度においては、指導者となる大学職員をメンター、指導対象者となる大学職員をメンティといいます。あえてメンティと異なる部署の大学職員がメンターとして割り当てられることもあります。メンターが孤立無援とならないよう、1人のメンティに対して複数のメンターを割り当てる方法もあります。この方法であれば、メンター同士でメンティに関する相談し合うことができます。

　メンターの役割は、業務に関する直接の指導を含むこともありますが、むしろ、メンティへの激励のような精神面の支援や、業務の進め方、業務に関連する知識の学習の方法といった汎用的な能力に関する指導が重視されます。メンターが業務における指導者とは別であれば、メンティはより多面的な指導を受けることができるでしょう。その場合、メンターは普段のメンティの様子がわからないため、メンティがメールなどで業務日報や報告書を送り、メンターがそれに対する**フィードバック***を行う形で**メンタリング***が行われることもあります。

　メンターとしての能力を高めるためには、指導方法を学ぶ機会を活用するとよいでしょう。学習意欲を向上させる方法やわかりやすい説明の方法など、**FD***の機会に参加することも効果的です。また、自分の思いで好き勝手に指導するのではなく、組織として重要な目標や考え方にそった指導を促すため、大学としての目標や人材育成の計画を理解する研修に参加するとよいでしょう。

⑵　少し難しい業務を割り当てる

　指導対象者が能力開発に取り組もうと考えるきっかけとして、目の前の業務を遂行する能力が不足していると感じることがあげられます。指導者は、能力不足を感じる指導対象者に対して能力開発の機会を提供することができますが、それに加えて、指導対象者に能力開発の必要性を感じさせることもできます。この方法として指導者が意図的に、指導対象者にとって新しい業務や難しいと感じる業務を割り当てることが考え

られるでしょう。このような業務の割り当て方は、**ストレッチ・アサインメント**＊とよばれます（眞崎監修 2019）。

　将来の幹部候補となる大学職員に対して、組織的な OJT の機会としてストレッチ・アサインメントが行われる場合もあります。指導においても、指導者が優秀だと判断できる指導対象者に対しては、積極的にストレッチ・アサインメントの機会を設けるとよいでしょう。また、業務に対して高をくくる指導対象者に対しても、意識を改めてもらったり能力不足を感じてもらったりする機会として、ストレッチ・アサインメントは活用することができるかもしれません。

　ただし、ストレッチ・アサインメントを行うにあたっては、指導対象者の**レディネス**＊を見極めておかなければなりません。また指導者は、優れた能力をもつ同僚や部下を指導対象者のサポート役として配置するなど、指導対象者の業務をフォローする体制についても検討しておくとよいでしょう。

(3)　能力開発を義務づける

　新任職員研修や管理職研修など、一定の職階や経験年数に達した大学職員が全員受講する階層別研修があります。また、大学によっては職階や経験年数にかかわらず、すべての大学職員に受講を義務づける研修が設けられています。たとえば、経営関連のテーマやメンタルヘルス、ハラスメント防止といった研修が対象になっています（日本私立大学協会附置私学高等教育研究所 2010）。こうした研修は、求める人物像や経営方針などに照らして、人事部門や経営層が必要だと判断した能力開発に関連するものといえるでしょう。

　このような能力開発を義務づけることについては、部署単位で考えることもできます。部署として必要な能力を身につけるために、全員参加の勉強会を開催することもできるでしょう。たとえば、部署の業務に関連する書籍を 1 冊指定し、参加者が分担して内容について発表する輪読会を開催する方法があります。書籍でなくても、業務上の課題を参加者

がそれぞれもちより、ほかの参加者と課題について議論する方法もあります。この方法であれば、部署内のミーティングと合わせて行うこともできるでしょう。

　ただし、あまりに義務化された研修が多いと、大学職員はそれ以外のことを学習しなくてもよいと考えるかもしれません。**官僚制**＊の弊害として生じる、**訓練された無能**＊の状態です。制度として決められたもの以外の行動がとれなくなるのは、望ましい状態とはいえないでしょう。したがって、部署単位で能力開発を義務づける場合は、テーマを厳選したり、部署にいる職員のニーズを踏まえたりするなどの配慮が必要となります。

⑷　意欲を示す大学職員を後押しする

　指導対象者から研修に行きたいと伝えられたとき、あなたが指導者であればどのような反応を示すでしょうか。指導者の研修に対する考え方は多様です。研修に対して明確に否定する指導者もいれば、能力を業務に活用することを奨励または要求する指導者もいるでしょう。もっとも典型的な指導者の態度は、研修に対して肯定も否定もしない中立的なものであるといわれています（中原他 2018）。中立的な指導者は、指導対象者の能力開発を支援したいと思うものの、日程が部署の繁忙期と重なる場合などは参加に否定的になるかもしれません。

　指導対象者を研修に参加させたいのであれば、指導者の好意的な反応が重要です。具体的には、指導対象者に研修への参加を呼びかけたり、指導対象者が受講しようとしている研修に関心をもっていることを伝えたりすると、指導対象者の能力開発に対する意欲を高めることができるでしょう。

　また、指導者が指導対象者の能力開発に関心を寄せることも、指導対象者の能力開発に対する意欲を高めることにつながります。たとえば、指導対象者の研修受講を希望する理由を尋ねたり、実施要領などを読んで内容を把握したりすることは、指導者が容易にできることです。さら

に、指導対象者が研修から戻ってきた後には、研修で配付された資料を閲覧させてもらったり、指導対象者から研修の感想を聞いたりしてもよいでしょう。

(5) キャリア形成の機会を促す

　どのような能力を開発しようと考えるかについては、指導対象者の考える**キャリア**＊が影響します。たとえば、財務部門のキャリアを積みたい指導対象者であれば、簿記や会計の知識を習得しようとするでしょう。人事部門の専門性を身につけたいと考える指導対象者は、社会保険労務士や産業カウンセラーなどの資格取得に関心を寄せるかもしれません。

　しかし、日常業務の中でキャリアについて時間をかけて考える機会は多いとはいえません。そこで、大学職員としてのキャリアの見通しを立てる機会を設ける大学もあります。人生における目標設定や自己分析を行うようなライフプラン研修、自身の能力や今後の業務に対する希望などを年1回程度申告してもらう自己申告制度などは、キャリアについて考える機会の代表的なものといえるでしょう。

　また、キャリア形成にあたっては**ロールモデル**＊を紹介する方法も有効です。指導者は、指導対象者にとって理想の大学職員から話を聞く機会や、一緒に業務に取り組む機会をつくることができるかもしれません。指導対象者がロールモデルとなる人物を見つけることができない場合は、指導者が指導対象者の適性を見て、候補となる人物とのマッチングを行うこともできます。特に、指導対象者の経験が浅いうちであれば、学内外での人脈を十分に形成できていないため、マッチングの必要性はより高まるでしょう。

3 身につけた能力を業務に活かす

(1) 学習したことの業務への活用を促す

　先に述べた研修転移には、内容や構成といった研修の設計も影響しますが、それだけではありません。研修の設計に加えて、学習者の能力や意欲といった特徴や、職場環境も影響するといわれています（Baldwin & Ford 1988）。言い換えると、研修に参加する本人だけでなく、研修講師や学習者の上司など管理する立場にある人の関与も影響を与えるのです（Broad & Newstrom 1992）。

　たとえば研修前であれば、先に述べたような職場としての好意的な反応が影響します。好意的な反応により、学習者は職場における研修の重要性を認識することができるためです（中原他 2018）。習得した内容を研修後に使用する機会がある職場であれば、研修転移が生じやすくなります。

　こうした働きかけは、指導者個人だけが行うものではなく、職場として行うべきものです。指導者には、職場全体で研修転移を促す文化を形づくる役割が期待されています。少なくとも指導者は、指導対象者の研修転移を促す役割を担わなければならないためです。指導者が研修転移を促す工夫を率先して実践することが、職場全体で研修転移を促す文化を形成する第一歩になるかもしれません。

(2) 能力を活かせる業務を割り振る

　指導対象者が何を学習してきたかを把握することができれば、それに合った業務を割り振ることができるかもしれません。指導者は、指導対象者が身につけた能力を発揮する場をつくることを検討してみるとよいでしょう。このような場は、指導対象者にとって学習した内容を振り返る機会にもなります。たとえば、プレゼンテーションの研修を受講した

指導対象者であれば、指導対象者が会議資料を作成し、会議当日に説明できる機会をつくるとよいでしょう。

　おそらく、指導対象者は研修で受講した内容をそのまま活用しても、業務をうまく進められるとは限らないことに気づくでしょう。たとえば、プレゼンテーションでうまくいかなかったのであれば、**技能習得のモデル***でいう自動化の段階にいたっていなかったためかもしれません。このようなうまくいかなかった部分が、指導のポイントになります。

⑶　業務の創造や改善を前提とした研修もある

　研修の中には、職場にある問題を整理し、業務改善や企画立案の実践能力の習得を目標としたものもあります。たとえば、**日本私立大学連盟***の「業務創造研修」や、東北大学の「大学変革リーダー育成プログラム」、立命館大学の「政策立案トレーニング」といったものです。

　これらの研修の特徴は、講義だけでなく職場の問題解決に取り組む内容を含んでいる点です。参加者が、職場の上司や他部署からヒアリングを行い、実施期間が半年以上の長期間にわたるものもあります。研修での学習内容を業務に活用するところまでをデザインに組み込んだ研修といえます。

　また、立案した企画をプロジェクトとして実行する過程も研修として位置づける大学もあります（図 12-1）。こうしたプロジェクトには、若手を含めてさまざまな大学職員がかかわり、業務としてその遂行にあたっています。早稲田大学では「こうはいナビ」など、10 年以上にわたり継続する取り組みなども生まれており、大学職員の能力開発と組織全体の活性化を両立させているモデルケースといえるでしょう。

　能力開発を通じて業務のあり方も改善するという考え方は、OJD^2（On the Job Development×Development）とよばれます（加藤 2010）。上記でとりあげた研修は、いずれも OJD^2 を意図したデザインです。幹部候補となる大学職員はもちろん、業務への取り組み方を見つめ直したい大学職員や、新たなものの見方を習得したい大学職員には、こういった

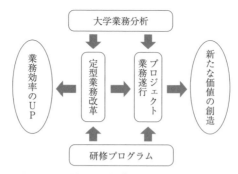

図 12-1 早稲田大学「早大職員の Next125」
出所 早稲田大学ウェブサイト（http://www.waseda.
jp/keiei/next125/about/staff/index.html, 最終アク
セス：2020 年 11 月 10 日）

研修を紹介するとよいでしょう。

4 能力開発を個人と組織双方の発展につなげる

(1) 個人がもつ知識を共有する

　多くの大学職員は人事異動により、さまざまな業務を担当します。ほとんどの部署において、構成員が毎年のように変わることはめずらしくありません。したがって、異動する大学職員が個人でもっていた知識は、特に工夫がなければ部署に残らなくなってしまいます。そのような事態を避けるために、多くの部署では引継書やマニュアルなどの形で知識を継承しようとするでしょう。このように、個人がもつ知識を組織内で共有することは、**ナレッジマネジメント**＊とよばれます。個人の記憶を、組織の記憶に変換する活動と言い換えてもよいでしょう。

　ナレッジマネジメントは通常、引継書やマニュアルのような文書、学生との対応履歴などのデータベースを用いて行われます。文書や図表の形で可視化された知識のことを、**形式知**＊といいます。これらの知識は紙媒体に加え、**グループウェア**＊や共有フォルダのようにネットワーク

を介して共有されます。

　ナレッジマネジメントにおいては、組織の構成員がお互いに教え合い学び合えるようにしようとする**同僚性***にも着目すべきです。同僚性のある組織では、役職や経験に関係なく、誰もが教える立場にも学習する立場にもなりえます。そういった意識を職場の中で共有できるかどうかも重要です。

　こういった個人の知識を組織としての成果につなげやすくする状況を、1つの業務に限らず、次々と生じる新たな業務においても適用し、発展し続けられる組織こそが、組織としての能力を高め続けることができるのです。

(2)　組織の共有知識を更新し続ける

　引継書でもマニュアルでも、同じものを使い続けることは必ずしも適切とはいえません。大学職員の業務をとりまく環境は日々変化しており、環境に適した業務のあり方もまた日々変化するためです。豊富に蓄積された過去の経験に基づく知識を活用する組織が、経験の浅い組織より業務の成果が低くなるという研究結果もあります（Haas & Hansen 2005）。この研究結果は、180 数社の企業における営業の入札結果から検証したものですが、他分野でも該当しうるものです。過去の経験に頼りすぎてしまい知識の更新を怠ると、成果につながりにくくなってしまうのは、個人でも組織でも同じといえるかもしれません。

　組織として共有している知識を更新し続ける一連の過程を示すモデルとして、SECI モデルがあります（図 12-2）。SECI とは、共同化（Socialization）、表出化（Externalization）、連結化（Combination）、内面化（Internalization）といった4つの過程の頭文字をとったものです（野中・竹内 1996）。

　最初の共同化においては、他者と同じ場に居合わせて共通の経験をすることにより、言語化しにくい**暗黙知***を継承します。熟達者と一緒に仕事に取り組み、熟達者の仕事ぶりを背中で見て学ぶ機会などが該当す

図 12-2 SECI モデル

出所　野中・竹内（1996）、p. 93

るでしょう。共同化された暗黙知は、たとえ話や仮説、**持論***などの形
で他者と共有されます。暗黙知が言語化された形式知に変換されるこの
過程を、表出化といいます。いったん表出化された形式知が組織内で共
有されると、ほかの形式知と連結化します。作成したマニュアルを他大
学の事例や他部署の意見を参考にして改訂するなど、形式知を共有する
範囲を部署から広げると、連結化の機会も増えるでしょう。最後に、連
結化された形式知に基づき行動した個人が気づきを得て、新たな暗黙知
を形成していきます。この過程が内面化です。これら4つの過程を繰り
返すことで、個人と組織がもつ知識は更新され続けていきます。

(3)　能力開発の場を通じて対話する

　SECI モデルを実行するにあたっては、暗黙知と形式知の変換や統合
をしなければなりません。こういった一連の過程を促進するためには、
職場内外での対話の場が重要です。対話の場として、能力開発の機会を
活用することができます。

　OJT であれば通常、指導者と指導対象者の間で対話が生じます。た
だし、SECI モデルを意識するのであれば、指導者は対話の場をさらに
拡張できないか考えてみるとよいでしょう。たとえば、入学式のような
式典やオープンキャンパスなど、複数の部署がかかわる業務に指導対象
者を派遣できると、より多くの職員と対話することができます。他部署
と共同で行うプロジェクトに指導対象者が参加するよう指示してもよい

でしょう。

　Off-JT であれば、参加者の経験を言語化してもらう課題やグループワークを設けることが効果的です。参加者の経験をもとに架空の事例を作成し、研修教材としてその事例を活用する方法もあります（森・溝上編 2017）。ほかの参加者とともに事例について対話することで、業務に対する多様なものの見方や対応方法などの気づきにつながります。さらに、具体的な事例があればそれに対する熟達者の見解を聞きやすくなります。聞いた内容を研修中に紹介できれば、研修が熟達者の暗黙知を共有する場としても機能するでしょう。

(4)　非公式な学習の場も活用する

　能力開発の場は、所属する組織の中にあるとは限りません。私たちは、組織の枠を越えてさまざまな他者と学習することもできます。他大学の職員と非公式に話し合ったり、自主勉強会を開いたりするなど、組織が公式に提供する学習の場や、個人での学習の場とは異なるところにも、学習の機会があるのです。

　あるテーマに関する関心や問題、熱意などを共有し、その分野における知識や技能を、持続的な相互作用を通じて深めていく人々の集団を**実践共同体***といいます（ウェンガー他 2002）。上記のような、さまざまな

他者と非公式に学習する場ができあがっている時、その場は実践共同体になっているかもしれません。

　実践共同体は、①領域、②共同体、③実践といった3つの構成要素から成り立ちます（ウェンガー他 2002）。領域とは、実践共同体が取り扱うテーマのことを指します。共同体は、領域に関心を寄せ、ともに学び合い解決しようとする複数人の集まりです。そして、その領域でさまざまな活動を行うための一連の方法が実践です。

　また、実践共同体には活動に積極的なコアメンバーと、その中からイベントを計画したりメンバー同士をとりまとめたりするコーディネーターの存在が必要であるといわれています（ウェンガー他 2002）。コーディネーターは、実践共同体の発展段階に応じてさまざまな役割を考えていきます。たとえば、はじめのうちはメンバーの一体感や信頼関係の構築について考え、実践共同体が成熟してきたらそこで取り扱う範囲や役割などを考えるとよいでしょう。

　実践共同体で取り扱うテーマは、組織の課題と関連していることもあれば、そうでないこともあります。実践共同体で学習した成果は、前者の課題に関連するものであれば業務に還元され、後者の課題に関連するものであれば自己実現につながるでしょう。業務をよりよくすることで自己実現につながることもあります。逆に、自己実現を目的として高めた能力が業務改善につながることもあります。個人の能力開発と組織の発展は相互に関連することもあり、どちらに主眼を置くかは、個々の大学職員が考えるキャリアやライフスタイルによって異なります。指導者や指導対象者といった立場によって異なることもあるでしょう。ただ、いずれにしても個々の大学職員が能力開発に関心を寄せ実践に移すことによって、個人と組織の双方の発展につながります。個人と組織の双方の発展のために、どのように能力開発を促進していけばよいのかは、どの大学職員にとっても共通して追求すべき問いといえるでしょう。

資 料

1 大学職員の能力開発にかかわる年表

1995 年　大学審議会答申「大学運営の円滑化について」

> 「大学運営の複雑化、専門的事項の増加などに伴い、事務組織の果たす役割」の重要性に言及した。特に、国際交流や社会連携、研究支援の分野における「専門的な事務体制の整備を進める必要がある」とも指摘した。

1997 年　大学行政管理学会設立

> 大学職員が「プロフェッショナルとしての行政管理職員」となることを通して大学の発展に寄与すべく、大学の行政管理にかかわる実践や研究を行う組織として設立された。

1998 年　大学審議会答申「21 世紀の大学像と今後の改革方策について—競争的環境の中で個性が輝く大学」

> 事務組織は「教学組織との機能分担」を明確にしつつも、「一定の専門化された機能」がゆだねられるべきとされ、「専門業務の高度化への対応」として「専門的素養のある人材の養成」「専門分野ごとの研修」の充実が望まれるとした。

2000 年　名古屋大学大学院教育発達科学研究科に生涯学習研究コース（高等教育マネジメント分野）を開設

> 名古屋大学における大学院重点化計画の一環として、教育発達科学研究科への改組と同時に高度専門職業人養成コースの中に設置された。2006 年に設置された博士後期課程教育マネジメントコースでは、博士（教育）（Ed.D）の学位を取得できるのが特徴である。

2001 年　桜美林大学大学院国際学研究科大学アドミニストレーション専
攻開設

> 大学行政の管理運営に関する専門的知識と能力を有するア
> ドミニストレーターの養成を目的として設立された。2004
> 年に通信教育課程が開設されたことに伴い、全国から大学
> 職員が入学するようになった。2008 年には大学アドミニ
> ストレーション研究科として独立した。

2003 年　大学コンソーシアム京都主催「SD フォーラム」が初めて開催

> 京都市内に所在する大学・短期大学 45 機関によって設立
> された大学間連携の団体である大学コンソーシアム京都が
> 「SD フォーラム」を初めて開催した。大学の事例報告や
> 意見交換を行う講演や分科会が主な内容である。2003 年
> 以降、毎年 1 回定期的に開催されている。

2005 年　東京大学大学院教育学研究科大学経営・政策コース開設

> 大学の管理運営や高等教育政策について、国際的な視野を
> 入れながら理論的かつ実践的な教育を行うコースとして開
> 設された。高等教育機関の管理者に加え、政策担当者も主
> な対象としているところに特徴がある。

中央教育審議会答申「我が国の高等教育の将来像」

> 教育の質保証を考えるためには、「スタッフ・ディベロッ
> プメント（SD)」に自主的に取り組むことを「重要な課
> 題」と指摘した。初めて職員の能力育成を意味する単語と
> して SD という用語が使われた答申である。なお、この答
> 申では、SD が「教職員全員」を対象とし、「管理運営や
> 教育・研究支援までを含めた資質向上のための組織的な取
> 組」と定義されていた。

2008 年　学士課程等における FD の義務化（「大学設置基準」改正）

それまで FD は努力義務であったが、「大学は、当該大学の授業の内容及び方法の改善を図るための組織的な研修及び研究を実施するものとする」と改正された。「FD の義務化」と呼ばれる。

中央教育審議会答申「学士課程教育の構築に向けて」

「高度化・複雑化する課題に対応していく職員」にはこれまで必要とされてきた資質・能力に加えて、「教育方法の改革の実践を支える人材」や「大学の諸活動に関する調査データを収集・分析し、経営を支援する職員」など多様で専門性のある職員が求められるとし、SD（「職能開発」）の場や機会の充実に努める必要性を明示した。

四国地区大学教職員能力開発ネットワークの発足

文部科学省「戦略的大学連携支援事業」の採択を機に四国地区大学教職員能力開発ネットワークが発足した。2011 年度からは加盟校共同で事業運営を行う自主運営体制に切り替わる。多数の SD プログラムを提供している。

2009 年　文部科学省「教育関係共同利用拠点制度」施行

「国公私立大学を通じた教育関係共同利用拠点の整備」の推進のための制度である。具体的な拠点の例として、「留学生を対象とした日本語教育センター」や「大型練習船」と並んで「FD・SD センター」が示された。2010 年には「大学の教職員の組織的な研修等の実施機関」として 7 つの施設が「教育関係共同利用拠点」の認定を受けた。

2012 年　中央教育審議会答申「新たな未来を築くための大学教育の質的転換に向けて―生涯学び続け、主体的に考える力を育成する大学へ」

> 「学士課程教育をプログラムとして機能させるため」に、教員のみならず、「職員等専門スタッフ」を育成し、「教育課程の形成・編成」に組織的に参画させる必要性を示した。

2014 年　中央教育審議会大学分科会「大学のガバナンス改革の推進について」（審議まとめ）

> 各大学の改革を進めるために事務職員が教員と対等な立場で大学運営に参画する「教職協働」の必要性が明記された。さらに「高度の専門性を有する職種や、事務職員等の経営参画能力を向上させるため」に、「組織的な研修・研究（スタッフ・ディベロップメント（SD））」を実施する重要性が示された。

　　　　大学教務実践研究会発足

> 大学の教務に所属する職員を中心に、教務に関する実践的知識の共有、ネットワーク構築、教務系職員の育成を目的に設立される。年次大会、教務系職員初任者講習会、教務系事務部門リーダー講習会などを開催している。

2017 年　SD の義務化（「大学設置基準」改正）

> 「大学は、その教育研究活動等の適切かつ効果的な運営を図るため、職員を対象とした、必要な知識及び技能を習得させ、並びにその能力及び資質を向上させるための研修の機会を設けるほか、必要な取組を行うものとする」という内容が追加された。「SD の義務化」と呼ばれる。

教職協働に関する条文の追加（「大学設置基準」改正）

> 2014 年の「大学のガバナンス改革の推進について（審議まとめ）」の内容をうけ、「教育研究活動等の組織的かつ効果的な運営を図る」ことを目的に、大学職員が大学教員と適切に役割を分担し、「連携体制を確保」しながら、協働して職務を行うことを求めた条文が大学設置基準に追加された。

「大学の未来を切り拓くための新『SD』に関する提言」の公表

> 文部科学省から教育関係共同利用拠点として認定を受けた組織などが加盟する「大学教育イノベーション日本」がSD に関する提言を公表した。SD は組織開発につながるものとして構想されるべきであり、国内外のすぐれた取り組みを参照しながら、大学や法人の枠を越えて推進されるべきであることなどに言及している。

2020 年　「教学マネジメント指針」の公表

> 中央教育審議会答申「2040 年に向けた高等教育のグランドデザイン」をうけて設けられた中央教育審議会大学分科会の教学マネジメント特別委員会が公表した指針の中で、大学、学位プログラム、授業科目の 3 つのレベルにおけるFD・SD の高度化が提言された。

2　大学職員を対象とした教育プログラム

【大学院課程】
・東京大学大学院教育学研究科大学経営・政策コース
・名古屋大学大学院教育発達科学研究科教育科学専攻
・京都大学大学院教育学研究科教育科学専攻高等教育開発論講座
・広島大学大学院教育学研究科高等教育学専攻
・桜美林大学大学院国際学術研究科国際学術専攻大学アドミニストレーション実践研究学位プログラム（通信教育課程）
・追手門学院大学大学院経営・経済研究科経営コース大学経営研究領域

【履修証明プログラム】
・東北大学高度教養教育・学生支援機構大学教育支援センター「アカデミック・リーダー育成プログラム」
・筑波大学大学研究センター「大学マネジメント人材養成プログラム」
・千葉大学アカデミック・リンク「教育・学修支援専門職養成履修証明プログラム」

【研修プログラム】　※6ヵ月以上の期間で複数回出席するもの
・立命館大学大学行政研究・研修センター「政策立案トレーニング」
・大学コンソーシアム京都「SD ゼミナール」
・四国地区大学教職員能力開発ネットワーク「次世代リーダー養成ゼミナール」

3　事典と定期刊行物

【事典】
- 児玉善仁代表編集（2018）『大学事典』平凡社
- 大学行政管理学会学事研究会編（2010）『職員による職員のための大学用語集』学校経理研究会
- Clark, Burton R. & Neave, Guy R.（Eds.）（1992）*The Encyclopedia of Higher Education*, Pergamon Press.
- Miriam, E. David & Marilyn, J. Amey（Eds.）（2020）*The SAGE Encyclopedia of Higher Education*, SAGE.

【定期刊行物】
- 『文部科学白書』（文部科学省）
- 『大学時報』（日本私立大学連盟）
- 『教育学術新聞』（日本私立大学協会）
- 『大学教育と情報』（私立大学情報教育協会）
- 『IDE―現代の高等教育』（IDE 大学協会）
- 『大学マネジメント』（大学マネジメント研究会）
- 『カレッジマネジメント』（リクルート進学総研）
- 『Between』（進研アド）
- 『VIEW21　大学版』（ベネッセ教育総合研究所）
- 『文部科学教育通信』（ジアース教育新社）
- 『切抜き速報　教育版』（ニホン・ミック）
- 『私学経営』（私学経営研究会）
- 『大学行政管理学会誌』（大学行政管理学会）
- 『大学教育学会誌』（大学教育学会）
- 『高等教育研究』（高等教育学会）
- 『初年次教育学会誌』（初年次教育学会）
- 『リメディアル教育研究』（日本リメディアル教育学会）
- 『大学評価・学位研究』（大学評価・学位授与機構）
- 『大学評価研究』（大学基準協会）
- 『大学職員論叢』（大学基準協会）

4　研修実施要項の例

【知識習得型研修の例】

20○○年度　新任職員研修　実施要項

1．主　催　　人事課

2．期　日　　20○○年４月２日（水）〜４月３日（木）（両日９：00〜17：00）

3．場　所　　○○大学○○キャンパス１号館８階　第１会議室

4．対象者　　20○○年度新規採用事務職員

5．目　的
　　○○大学の新任職員として求められる基本的な知識、技能、態度を習得する。

6．目　標
　　１）高等教育機関を取り巻く環境について説明することができる。
　　２）大学職員が担いうる役割と業務の意義を説明することができる。
　　３）業務で他者と接する際に、社会人として適切な振る舞いをすることができる。
　　４）文書作成時のポイント、伝達手段ごとの注意点を説明することができる。
　　５）自身のメンタルヘルスについてセルフチェックすることができる。
　　６）大学で起こりうる危機とその管理体制について説明することができる。

7．プログラム

1日目（4月2日）
9：00〜9：10　開講式
9：10〜12：00　大学職員の基礎知識 　講師：○○大学　○○　○○氏 ・高等教育機関を取り巻く環境 ・大学職員の役割と業務 　※　途中で10分程度の休憩を入れます
12：00〜13：00　休憩
13：00〜17：00　ビジネスマナーと コミュニケーション 　講師：株式会社○○　○○　○○氏 ・あいさつと言葉遣い ・対面と電話での応対 ・報告・連絡・相談 ・さまざまなコミュニケーションの技法 　※　途中で10分程度の休憩を入れます

2日目（4月3日）
9：00〜9：10　1日目の振り返り
9：10〜12：00　文書作成入門 講師：○○課　○○　○○氏 ・文書の役割と処理 ・文書作成時のルール ・メール送信時のマナー
12：00〜13：00　休憩
13：00〜14：30　メンタルヘルスの基礎知識 　講師：○○課　○○　○○氏 ・メンタルヘルスの重要性 ・自身のメンタルヘルスの管理
15：00〜15：10　休憩
15：10〜16：40　大学における危機管理 講師：○○部　○○　○○氏 ・大学で起こりうる危機 ・リスクマネジメントの基本 ・危機発生時にとるべき行動
16：40〜16：55　研修の振り返り
16：55〜17：00　閉講式

　　　　　　　　　※　17：30〜　先輩職員との交流会

8．その他
　１）すべてのプログラムで、講義だけではなくグループワークや演習を取り入れます。
　２）当日は記録用にビデオやデジタルカメラによる撮影を行います。
　３）先輩職員との交流会は学内の食堂（○○キャンパス１号館１階）で行います。

【問題解決型研修の例】

各部署管理職者各位

人事課長

職員研修「ヒヤリハットから見直す学生対応」の実施について
（通知）

　標記について、下記のとおり実施しますのでお知らせします。つきましては、対象となる職員に出席いただくようご周知の程お願いいたします。

記

1　実施日時・場所
　20○○年○月○日（金）13：30〜15：00（於：○○会館 4 階大会議室）
　※　詳細スケジュールは別紙 1 をご参照ください。

2　対象者
　学生対応を行う係長、主任、係員

3　講師
　○○機構　○○　○○　氏
　○○センター　○○　○○　氏

4　目的
　ヒヤリハットの観点から業務についての理解を深め、学生対応における重大事故を未然に防ぐことができるようになる。

5　到達目標
　(1)　本学の学生支援業務にかかわるヒヤリハットや事故の実情を理解することができる。
　(2)　学生支援業務にかかわるヒヤリハットを重大な事故に発展させないための業務改善策を構築することができる。

6　申込・問い合わせ先
　　課ごとに参加者をとりまとめ、メールで人事課・研修担当（kenshu@sd-u.ac.jp）あてに○月○日までにお申込ください。問い合わせがある場合もメールにてご連絡ください。

以　上

別紙1　詳細スケジュール

1　タイムテーブル

時間	内容
13：30-13：35	開会挨拶
13：35-13：50	グループワーク：ヒヤリハットの事例共有（担当：○○） 　事前課題で提出した「学生支援に関するヒヤリハット事例」を参加者間で共有し、原因や業務上の課題について考察します。
13：50-14：30	講義：ヒヤリハットが生じる背景と危機管理（担当：○○） 　リスクマネジメントの基礎的な知識を中心に学習します。
14：30-14：40	休憩
14：40-15：45	グループワーク：事例のようなヒヤリハット予防策を考える（担当：○○） 　共有した事例の中から重要だと考えたものを1つとりあげ、講義の内容を踏まえて、同様のヒヤリハットが生じないよう予防策を考えます。
15：45-15：55	質疑応答・まとめ
15：55-16：00	閉会挨拶

2　事前課題

　参加者は以下の課題を人事課・研修担当（kenshu@sd-u.ac.jp）あてにメールで○月○日（火）までに提出してください。

(1) これまでに経験した「学生支援に関するヒヤリハット事例」（別紙3）
※　事例がない場合は、ほかの職員が経験した事例でも可。

(2) 部署における「学生支援に関するマニュアル」
※　提出いただいたマニュアルは、参加者間で共有します。共有可能なマニュアルを提出してください。

5　研修評価アンケートの例

研修評価アンケート

研修内容の改善のために、率直なご意見をお聞かせください。

1. 参加者ご自身について
   (1) 所属部署（　　　　　　　　　　）
   (2) 役職
   ① 管理職（部長、次長または課長）　② 係長　③ 主任　④ 係員　⑤ その他（　　　　　）

2. 研修について　（設問ごとにあてはまる番号に○を付して回答してください。）

> 4　そう思う　　3　どちらかといえばそう思う　　2　どちらかといえばそう思わない
> 1　そう思わない

	設　問	回　答			
1	研修目的や内容についてある程度知ったうえで参加した	4	3	2	1
2	研修目標は明確に設定されていた	4	3	2	1
3	研修はわかりやすい順序ですすめられた	4	3	2	1
4	研修内容は丁度よいレベルに設定されていた	4	3	2	1
5	研修の実施時期は適当だった	4	3	2	1
6	講師の言動は学習意欲を高めた	4	3	2	1
7	講師の用意した教材はわかりやすかった	4	3	2	1
8	自分に必要な知識やスキルを身につけることができた	4	3	2	1
9	受講したことによって今後の業務における行動が変わると思う	4	3	2	1
10	研修は全体的に満足できるものだった	4	3	2	1

3. 受講してよかったと思われる点を、具体的にご記入ください。

4. 研修をよりよいものとするために改善すべき点があれば、具体的にご記入ください。

5. 今後、SD研修会でとりあげてほしいテーマがあれば、自由にご記入ください。

6 用語集 ＊用語のあとの数字は、本書中に登場するページです。

360度評価 → 87

被評価者の指導者や上司に加えて、同僚や部下も含めた多様な人々からの評価を求める方法。被評価者本人も自己評価を行う。評価の客観性を高め、被評価者自身の認識と他者の認識のギャップを示すことができる。

70/20/10の法則 → 16,107

「仕事での経験」「他者からの助言」「研修や自己啓発」のそれぞれがどれだけ職業人の成長に影響しているかの割合を示したもの。アメリカのロミンガー社によってすぐれた経営幹部に対する調査から割り出された。

90/20/8の法則 → 103

参加者を能動的にさせるための集合研修の進め方の原則。90分以上連続して研修を行わないこと、20分ごとに学習の形式を変化させること、8分ごとに参加者を何らかの活動に参加させるという目安を示している。

FD → 134

教員が授業内容・方法を改善し向上させるための組織的な取り組みの総称。ファカルティ・ディベロップメントの略。教員相互の授業参観の実施、授業方法についての研究会の開催、新任教員のための研修会の開催などが具体例である。大学設置基準によって、FDの実施が大学に義務づけられている。

GROWモデル → 54

目標達成に向けた行動を促す技法。コーチングを行う際のモデルとして普及されている。目標設定（Goal）、現状把握（Reality）、方法の選択（Options）、目標達成の意思確認（Will）の4段階で問いかけを行う。

Off-JT → 10,92,121,131

職場から離れた場で行われる職業訓練。Off the Job Trainingの略称。集合研修やセミナー、学外の教職員との業務に関する情報交換会などがこれにあたる。知識の習得に加えて、実務で得た経験の共有や振り返り、人的ネットワークの構築を目的として行われることが多い。

OJT → 10,58,120,131

管理監督者の責任のもとで日常の業務につきながら行われる教育。On the Job

Training の略称。職場内訓練ともいわれ、部下への指導や育成と同義で用いられることもある。業務の最中に行う指導、個人学習の指示やアドバイス、目標や評価の面談、キャリア開発の指導などが含まれる。

SBI 情報　→ 89
フィードバックを与える前に収集するべき3つの情報のこと。状況（Situation）、行動（Behavior）、影響（Impact）の頭文字からなる。SBI 情報の収集に際してはできる限り客観的な行動の観察が求められる。

SD　→ 3,104
教育研究活動などの適切かつ効果的な運営を図るため、必要な知識および技能を習得させ、さらにその能力及び資質を向上させるための研修。スタッフ・ディベロップメントの略。従来は職員のみを対象とした能力開発と理解されることがあったが、現在は大学設置基準の規定によって、事務職員だけでなく、教員、大学執行部、技術職員なども対象者として含まれると解釈されるのが一般的である。

アイコンタクト　→ 102
視線と視線を合わせること。対人関係において、会話をするときは相手の目を見るのは基本的なルールである。アイコンタクトを適切にしないと、他者への配慮が欠けていると判断されることがある。一方、過度に相手の目を見続けるのは失礼な行為だと考えられることもある。

アイスブレイク　→ 104
場の緊張を和らげる活動。授業や研修などの冒頭に、参加者の不安や緊張の緩和、参加者間の積極的なコミュニケーションの促進、授業や研修の方針や概要の理解などを目的として行われる。簡単なゲームやクイズ、運動などが含まれる。

アクティブラーニング　→ 10,105
伝統的な教員による一方向的な講義形式の教育とは異なり、学習者の能動的な学習への参加を取り入れた教授・学習法の総称。グループ・ディスカッション、ディベート、グループワーク、発見学習、問題解決学習、体験学習、調査学習などが含まれる。

アンドラゴジー　→ 15
成人の学習を支援する教授法。成人と教育を意味する2つの語から作られた造語

であり、教育学者のノールズが提唱した。子どもの学習を支援する教授法である
ペダゴジーと対比される。

暗黙知　→ 25,29,61,141

言語によって客観的に表現されていない、または表現できない種類の知識。哲学
者のポランニーが提唱した。経験から得られる業務の仕方や判断する際の勘など
が該当する。形式知に変換し、組織内で体系化し展開され、構成員それぞれの知
識になる過程を経て、組織としての知識が創造されていく。

越境学習　→ 128

所属する職場以外の場で行われる学習。主に職業人に対して使われる用語である。
学習者は職場外で学習した内容を、職場内での問題や課題解決に活用しようとす
るなど、学習の過程に職場内外の往還を含んでいる。大学院や外部の勉強会など
への参加があてはまる。

カークパトリックの4段階評価法　→ 117,132

長期的な研修の効果を評価する手法。研修の成果を、反応（参加者の満足度）、
学習（参加者が獲得した知識や技術）、行動（業務における行動の変容）、業績
（業績の向上）の4つの段階でそれぞれ評価する。

科学研究費助成事業　→ 128

研究者の自由な発想に基づく研究を発展させることを目的に研究資金を交付する
事業。目的や内容、期間、交付額を異にする研究種目からなっており、審査は研
究者相互のピアレビューで行われる。公募、審査、交付業務には主に文部科学省
と日本学術振興会があたっている。

学習指導要領　→ 15

小学校、中学校、高等学校、特別支援学校における教育課程の基準。どの学校で
も学習の水準が担保されることをねらいとして、文部科学省により告示される。
教育課程編成の方針や配慮すべき事項を含んだ総則と、各教科やその他の領域な
どの目標と内容が記されている。社会の変化に対応するため、およそ10年ごと
に改訂される。

学習者検証の原則　→ 32,93

指導の評価は学習者が学習目標にどれだけ到達できたかによって定まるという考
え方。この考え方にのっとれば、指導方法はすべての指導対象者に同じものを適

用するのではなく、個々の指導対象者に合わせて決めなければならない。

学習スタイル　→ 32
それぞれの学習者が好む学習の仕方。個人の人格など生来的な要因や外部環境などによって決められると考えられる。どのような教授法を好むのか、個人がどのように情報を得て、処理しているのか、その情報に個人がどのように対応するのかといった観点についてさまざまに類型化されている。

間接経験　→ 17
会話や書籍などを通して見聞きする経験。自分が直接経験していないことを疑似的に経験することができる。豊富な学習資源を提供するが、自身の経験が不足していると十分に理解できないこともある。

官僚制　→ 136
指揮命令系統が明確で、あらかじめ定められた規則などを拠り所にして職員1人ひとりが仕事をすることにより、比較的大きな規模の組織を安定して運営するためのシステム。社会学者のマックス・ウェーバーが提唱した。個人の能力にかかわらず組織運営ができるが、規則などに定められていない新しい内容への対応が難しいといった課題もある。

技能習得のモデル　→ 18, 139
認知の段階、体制化の段階、自動化の段階の3つの段階からなる技能の学習過程。技能の習得は、一つひとつの手順を確認しつつ進める認知の段階から始まり、最終的に意識せずに一連の動作を取ることができる自動化の段階にいたる。

キャリア　→ 5, 30, 36, 51, 78, 121, 137
職場、家庭、地域社会などさまざまな場での諸活動における生き方。さまざまな定義があり、職業に限った狭義の意味で用いられることも多い。生涯にわたり継続して考え続けられるものであり、個人の発達や自己実現と関連することは、いずれの定義にも共通している。

キャリア権　→ 8
働く人々が意欲と能力に応じて希望する仕事を選択し、職業生活を通じて幸福を追求する権利。雇用形態や資格の有無にかかわらず、すべての人々に職業を通じた自己実現の権利があるとする。

教育観　→ 32

教育に対する考えや信念。本質主義や進歩主義などの類型がみられる。個人の教育観はそのひとの受けてきた教育の経験から形成されることが多い。また、文化的、歴史的な経緯のなかでで培われた、組織や社会単位の教育観もあるとされる。

教育訓練給付制度　→ 123

厚生労働大臣の指定基準を満たす講座を認定し、その講座を修了した雇用保険の被保険者または被保険者であった者に対して講座の受講費用の一部を支援する制度。雇用の安定や再就職の促進を図ることを目的として、1998 年に創設された。

教育の質保証　→ 6

教育機関が提供する教育が確かなものであることを示す行為。法令に明記された最低基準としての要件や認証評価などで設定される評価基準に対する適合性の確保に加え、自らが意図する成果の達成や関係者のニーズの充足といったさまざまな質を確保することが求められる。

教職協働　→ 42

教員と職員とが目標を共有し協力して業務を遂行すること。教育研究活動などの組織的かつ効果的な運営を図るために必要性が認識されるようになった。大学設置基準の第 2 条の 3 に教員と職員の連携及び協働が示されている。

グランドルール　→ 96

会議や研修などにおいて参加者に求めるルール。会を円滑に進めるために事前に決めたり、参加者同士で話し合って決めたりする。長時間の場合は、全員から見える場所に掲示するなどして、会の最後まで守られる工夫が必要になる。

グループウェア　→ 140

組織の中でスケジュールや電子ファイルなどを共有することができるソフトウェア。会議室の予約管理や、過去の通知文を検索できる機能など、職場の課題に応じてカスタマイズできるものもある。

訓練された無能　→ 136

社会学者マートンが指摘した官僚制の逆機能の 1 つ。組織の仕組みや規則に構成員が盲目的にしたがうことで、状況の変化やイレギュラーな事態などによって仕組みや規則が妥当性を欠いているにもかかわらず、それ以上の学習を拒み、思考

や行動を変えることができなくなること。

経験学習モデル　→ 19, 73
経験を通して知識をつくり出す過程を示したモデル。組織行動学者コルブが提唱した。人は、具体的な経験、内省的な観察、抽象的な概念化、積極的な実験という４つの段階を繰り返し経ていくことによって、学習することを示している。

形式知　→ 140
文書や図表のような誰の目にも見える形で共有できる知識。具体例として、引継書やマニュアルといったものがある。他者と共有しやすい特徴をもつが、経験や勘のような暗黙知からの変換は難しいことが課題である。

形成的評価　→ 83
学習の途中に行われる、学習者の理解度の確認やそれに応じた指導の修正のための評価。評価結果をもとに、学習者が重点的に学習すべき内容を把握することができる。指導者にとっては、指導計画や方法を再検討する情報を得る手段となる。

ケースメソッド　→ 106
具体的な事例を教材とし、学習者がその内容を分析して、学習者同士で議論することを通して学習することをねらいとした教授法。事例は、数ページの文書で示されることが多く、解決すべき問題などの論点を含んでいる。学習者にとっては、それまでに学習した内容を現実の文脈に応用する機会となる。

研修転移　→ 133
研修の学習内容が業務で実際に活用され、効果が継続的に発揮されること。参加者の能力や意欲だけでなく、研修設計のされ方や、職場における上司からの支援などの要因が影響するといわれている。

研修の内製化　→ 112
研修の設計や実施を組織内の構成員が実施すること。外部講師と比べて、組織の文脈を理解した構成員が行うので、組織の課題に真に対応した研修となることが期待される。ただし、組織内で研修の設計者や、講師を担当できる能力をもつ構成員を確保する必要がある。

肯定的フィードバック　→ 90
学習者ができるようになった点を伝えるフィードバック。学習者のよい面に着目

するため、学習者は自分の成長を理解し、その後の学習意欲を高めることができる。

公平性　→ 83
ある評価方法において、対象が同じであれば誰が評価しても結果が変わらないかどうかを示した概念。評価が備えるべき条件の1つ。これが満たされないと、同じ結果であっても評価の高低が人によって異なってしまう。

コーチング　→ 29,60
継続的な対話を通じて指導対象者が能力やスキルを身につける支援をしたり、目標達成に向けての行動を促したりする技法。心理学やカウンセリングの理論や技法からなる。人を目的地まで送り届ける馬車を語源とする。

個人内評価　→ 86
基準を個人の中に設定する評価方法。学習者の過去の成績や、ほかの学習課題における成果などと比較することがあてはまる。学習者個人の成長度合いや得意不得意を理解するのに適している。ただし、評価結果が妥当であるかどうかについては、他者との相対的な評価などを考慮しなければならない。

コンセプチュアルスキル　→ 8
複雑な状況や変化を認知、分析し、問題を発見し、その解決やビジョンを立案する能力。物事の全体像やほかの物事との関連をとらえ、総合的に考えることができる。経営学者カッツが分類した3つのスキルのうちの1つ。上級レベルの管理職になるほど必要とされるスキルである。

ジグソー法　→ 106
グループのメンバーが分担して学習した後、それぞれが学習した内容について教え合う協同学習の技法。メンバーそれぞれが学習した内容が、ジグソーパズルのピースにあたる。学習すべき内容は、メンバー全員が学習した内容の総体に等しくなる。複数のグループができる場合は、同じ部分について学習した者同士が集まって理解を深める過程を含めることもある。

自己啓発　→ 10,120,131
職業人が自発的に行う能力開発。自身の必要性や希望によって、業務とは直接関連しない能力を高める取り組みも含まれる。読書や自発的なセミナー参加によって行われることが多い。

自己効力感 → 62

ある課題に対して、自分にはそれが克服できるという期待や自信。心理学者のバンデューラが提唱した概念で、動機づけに影響を及ぼす要因の1つとされる。自分自身の成功体験や、他者の成功を見聞きすること、周囲からの励ましなどによって高めることができる。

自己評価 → 49,67,85

学習者が自分自身の学習活動に対して行う評価。自分の学習成果を振り返り、その後の学習における思考や行動に活用するために行う。学習者には自分の学習状況を日常的に点検することができる能力が求められる。

実践共同体 → 143

共通する実践を行う人々が集まり、相互に教え合い学び合う共同体。教育理論家のウェンガーが提唱した。この共同体では、構成員間で共有する問題やテーマがあり、構成員間で双方向のやり取りがされることを通して、新たなアイデアや情報が生み出される。

熟達化 → 21

学習経験を積み、卓越した知識や技能を習得する長期的な過程。特定の領域、分野に限定されるという特徴がある。対象の状況を的確に見極め、最適な解決法をすぐに生み出すことができるようになる能力を有した者を熟達者という。

熟達化の10年ルール → 25

熟達化に必要な期間が10年程度であるとする考え方。心理学者のエリクソンによる、スポーツや芸術分野の熟達者を対象とした研究から導かれた。複雑で多様な能力を必要とする業務であれば、同様のルールがあてはまることが確認されている。

ジョブ型雇用 → 7

あらかじめ職務内容を定めて雇用する形態。メンバーシップ型雇用とは対照的な雇用形態。雇用条件を明確に提示することが比較的容易であるため、雇用後のミスマッチが起こりにくい。

シラバス → 94

集合研修や授業における計画を示した資料。担当者、全体の概要、学習目標、学習内容、評価方法や基準、教科書や参考書、時間外の学習課題などが記されてい

る。参加者が集合研修や授業の受講の選択をしたり、内容を理解したりすること
を主目的とする。

持論　→ 19, 71, 142
個人が経験を通じて形成した自分なりの見解や考え。本人がそれをもっているこ
とを自覚しており、意識的に、業務などの実践でよい成果を導くために用いてい
る。

シンク・ペア・シェア　→ 105
協同学習の技法の1つ。学習課題について、まず学習者が1人で考え（シンク）、
その後ほかの学習者と話し合い（ペア）、その後に全体で考えを共有する（シェ
ア）の3段階で進める。学習者が自分で考える機会や、他者と考えを深める機会
を確保することができる。

診断的評価　→ 83
教育活動を始める前に行う評価。学習の前提となる知識や技能を学習者がどれだ
け習得しているかを測り、習得度合いに応じた学習計画を立てることを目的とす
る。学習者へのアンケートや事前ヒアリングなどの方法により行われる。

信頼性　→ 82
同じ評価方法を繰り返しても同じ結果が得られるかどうかを示した概念。評価が
備えるべき条件の1つ。この条件に照らすと、繰り返すたびに結果が著しく異な
る評価方法には問題があるとされる。

随意契約　→ 64
競争契約を経ずに任意の業者と結ぶ契約のこと。多くの場合、少額の契約や競争
性がない契約である場合に行われる。入札よりも事務手続きは簡素化されるもの
の、特定の業者との癒着を招くなど、不正の温床になる可能性もある。

スキャフォールディング　→ 60
指導対象者の業務に対する指導者からの一時的な支援のこと。「足場かけ」とも
呼ばれる。支援を必要に応じて最小限にすることで、指導対象者が最終的に1人
で作業などができるようにすることを目指す。

スタッフ・ポートフォリオ　→ 78
大学職員が自分のキャリアを振り返り、今後の業務内外での見通しを立てること

をねらいとした文書。通常、書かれた内容に関するエビデンスとなる資料も準備する。職員業績記録とも呼ばれる。

ストレッチ・アサインメント　→ 135

能力開発を目的として、本人の能力では困難を伴う業務を意図的に割り当てること。ゼネラル・エレクトリック社が導入した事例が有名。将来、組織において幹部候補となる構成員を対象に行われる場合が多い。

スモールステップの原理　→ 62

学習目標を達成しやすくするための学習の原理の1つ。学習目標にいたる過程を細分化し、それぞれの過程における学習課題を1つずつクリアしていくことにより、最終的な学習目標の到達を目指していく。連続する過程の間の難易度を大きく変えないことで、学習の継続が容易になり学習者の意欲を維持することができる。

省察的実践家　→ 76

これまでの経験や知識を活用し、実践と振り返りを何度も繰り返しながら、初めて直面する複雑な課題の解決を図ろうとする専門家のモデルの1つ。アメリカの哲学者ショーンが提唱した。

正統的周辺参加論　→ 17, 59

実践共同体の中で学習者が果たす役割の変化の過程を学習と見る理論。学習者は正規の構成員として、最初は周辺的な位置にあるが、少しずつ中心的な役割を果たすようになる。社会人類学者のレイヴと教育理論家のウェンガーの研究成果から導かれた。

絶対評価　→ 86

個人の学習の到達度を、他者と比較せずに学習目標に照らして評価する方法。個人の到達度の違いを明確に評価できるように、学習目標の細分化や具体化が必要となる。

総括的評価　→ 83

教育活動が終了した時点で、学習成果や学習目標に対する達成度を測るために行う評価。大学の授業でいえば、学期末の試験やレポートといった成果物に対する評価が該当する。診断的評価や形成的評価と併せて行うと、学習活動の開始や途中の時点との学習成果の比較ができる。

相対評価 → 86

学習者の能力や学習成果を、他者との比較によって評価する方法。学習者が所属する集団全体における相対的な位置によって評価が示される。順位を決めなければならない場合や、具体的な評価基準を定めにくい場合に適している。

即時フィードバック → 63

学習者の学習あるいは業務の実践の直後にその場で与えられるフィードバック。心理学者のスキナーが提唱するプログラム学習に取り入れられている。裏返すと答えがわかる単語カードは、この原理を応用した自学自習にも使える教材である。

大学設置基準 → 3, 18, 36

日本で大学を設置するのに必要な最低の基準を定めた法令。この基準は大学の設置後も維持しなければならない。教員組織、教員資格、収容定員、教育課程、卒業の要件などが定められている。大学設置基準は省令であり、文部科学大臣が制定することができる。

妥当性 → 83

評価方法が対象にとって適切かどうかという概念。評価が備えるべき条件の1つ。評価しようとしている能力や技能にとって、評価する内容や用いる基準が適切かどうかを表す。

ダニング・クルーガー効果 → 51

試験の得点や能力の低い個人ほど、自分の試験の得点や能力を実際より高く評価してしまうという認知バイアス。社会心理学者のダニングとクルーガーによって確認されている。学習者の自己評価の結果を分析する際に考慮すべき要素である。

中央教育審議会 → 6

文部科学大臣からの求めに応じて、教育、学術または文化に関する基本的な重要施策について専門家が調査・検討し、大臣へ意見を述べる機関。意見をまとめた結果を答申という。30名以内の学識経験者である委員に加え、臨時委員や専門委員が置かれることもある。

直接経験 → 17

学習者自身が身体を通じて直接かかわる経験。他者から聞いた話などを通じて得る間接経験と対になる経験。成人の学習における重要な学習資源となる。

通信教育　→ 123
主にテキストなどの印刷物やテレビ、ラジオといったメディアを媒体として行われる教育の手段。学習に必要な教材や演習問題がそろっているので、職業人の自学自習の手段としても普及している。

定型的熟達者　→ 22
迅速かつ正確に、特定の手続きのある行動をとれる熟達者。知識に基づく行動を自動化して行うことができる。ただし、適応的熟達者のように状況に応じた柔軟な対応を行うことはできない。

ディベート　→ 106
あるテーマについて対立する2つの立場に分かれ、立論、質疑応答、反論を交互に行うアクティブラーニングの技法。論理的な説得をはじめとした多様な汎用的能力の育成に有益である。

適応的熟達者　→ 22
身につけた知識を、さまざまな場面で柔軟に適用できる熟達者。もっている知識を応用しながら、状況を見極め、最適な解決法を見い出すことができる。定型的熟達者と対比される。

テクニカルスキル　→ 7
特定の業務を遂行するために必要な専門的な知識や技能。経営学者のカッツが分類した3つのスキルのうちの1つ。資格取得に向けた学習などで習得できるスキルはこのスキルに該当する。

導入、展開、まとめ　→ 95
授業や研修を構成する基本要素。急に始めず、急に終わらないための構成。学校の授業の指導案はこの構成で作られている。参加者の緊張をほぐしたり、目標を確認、共有したりするための導入、具体的なワークや講義が行われる展開、そして振り返りや今後の学習や活動について考えるまとめといったようにそれぞれの部分に役割がある。

同僚性　→ 141
組織の構成員が互いに支え合い、高め合っていく協働的な関係。英語 collegiality は college に由来しているところから大学の本来的なあり方であるといえる。構成員が組織活動に参加できること、相互援助の行われる集合体の一員であるこ

と、さまざまな分野の知識や専門性が同等に扱われることなどによって特徴づけられる。

徒弟制　→ 20, 59

職業に必要な知識や技術を教育する制度。中世ヨーロッパの職人の育成を中心に広く普及した。親方、職人、徒弟という身分に分かれ、新参者は徒弟として修業をはじめ、一人前の職人を目指す。

ドレイファスモデル　→ 24

熟達化の過程を示すモデルの1つ。初心者、見習い、一人前、中堅、熟達者の5つの段階に分類される。中堅以上の段階になって初めて状況を包括的に把握し、適切な行動がとれるようになる。ただし、誰でも中堅以上の段階に到達できるわけではないといわれている。

ナレッジマネジメント　→ 140

組織の内部で知識を共有したり新たに想像したりするための経営手法全体のこと。個人のもっている暗黙知を形式知として明示し、組織の中で共有することや、学習のためのコミュニティを形成することが具体的方法の一例である。

日本私立大学連盟　→ 139

日本の4年制の私立大学を加盟大学とする団体。1951年に23の私立大学によって設立された。私立大学の振興を通して学術文化の発展に貢献することを目的としている。日本私立大学連盟の加盟大学は比較的規模の大きい大学が多いという特徴をもつ。

認知的徒弟制　→ 59

徒弟制における師から弟子への職業技術伝承に着目した学習モデル。アメリカの認知科学者ブラウンやコリンズらが提唱した。モデリング、コーチング、スキャフォールディング、フェーディングの4つのプロセスによって説明される。

バズ学習　→ 106

学習者をグループに分けて議論させる技法。話し合いの様子が蜂の騒ぐ様子に似ていることから名づけられた。議論が円滑に進まない場合には、6人より少人数にする、グループごとにリーダーと記録係を決めさせる、などの工夫がある。6人で6分間議論した後に、全体での議論を行うことから六・六法とも呼ばれる。

発問 → 104

教育的意図をもった学習者に対する問いかけ。質問が答えを重視して行われるのに対し、発問は学習者の興味を喚起したり、さらに深く思考させたりすることを目指して行われる。

非言語コミュニケーション → 102

言葉以外の手段を用いたコミュニケーション。顔の表情、顔色、視線、身振り、手振り、姿勢のほか、相手との物理的な距離の置き方や、服装、髪型などが含まれる。非言語コミュニケーションの中には、文化によって異なる意味を示すものがあるため、異文化をもつ相手とのコミュニケーションでは注意が必要となる。

ビジュアルハンド → 102

手の動きで話の内容を視覚的に伝えるボディランゲージ。「スライドの右側を見てください」と言いながらその方向を手で示したり、「ポイントは3つです」と言いながら、指で3の数字を表したりするなど、話している内容と手の動きの一致が求められる。

否定的フィードバック → 90

学習者の考えや行動を修正するためのフィードバック。できていない部分を具体的に伝えるために行われるが、否定的フィードバックだけでは学習者の意欲を低下させるおそれもある。

一皮むけた経験 → 20

直接経験の中でも特に大きな成長を促す経験のこと。その人にとってまったく新しい仕事や高度な知識や技術が求められる仕事、大きな責任やリスクがある仕事などが一皮むけた経験になりうる。

ヒューマンスキル → 7

集団の中で他者と協力して働くために必要な対人関係能力。コミュニケーション能力やリーダーシップなどが該当する。職位にかかわらず必要な能力とされる。経営学者のカッツが分類した3つのスキルのうちの1つ。

フィードバック → 10, 14, 28, 52, 63, 81, 134

学習の進捗やプロセスに対して学習者に評価結果を返す、形成的評価の手段の1つ。到達度を判定することのみならず、学習の促進にも活用される。実施する際には、学習者の人数や教室環境、指導者の労力などを考慮する必要がある。

フィードバック・サンドイッチ → 91

フィードバックの一連の流れを示すモデルの1つ。指導者はまず、学習者のよい点からフィードバックし、その後に改善すべき点などの否定的フィードバックを挟み、最後はほめたり励ましたりして肯定的フィードバックで終わる。学習者の学習意欲の低下を避け、改善に向けた情報を受け入れやすくする意図で取り入れられる。

フェーディング → 60

学習者が新しい知識や技能、態度を習得する際に、徐々に支援を減らしていく段階。技能の学習であれば、学習者はこの段階で補助がなくてもある程度独力で技能を実践できる。指導者は、学習者の自立を促すために意図的に支援をしないこともある。

プログラム学習 → 62

行動主義の立場から提唱された学習。アメリカの心理学者スキナーが代表的な研究者である。オペラント条件づけの原理を学習に応用したものである。スモールステップの原理、即時フィードバックの原理、積極的反応の原理、自己ペースの原理、学習者検証の原理に基づく。

プロンプト → 64

学習者が適切な行動ができるようになるための外的な補助手段。技能の習得であれば、自転車の補助輪や水泳のビート板がこれにあたる。クイズやテストなどで出されるヒントも解答を促すために活用されることの多い補助手段である。

ペンドルトン・モデル → 91

自己評価と他者評価を組み合わせたフィードバックの方法。学習者がよかった点を自己評価するところから始めるのが特徴である。次に、指導者がよかった点の指摘や賞賛を行い、その後に学習者による改善点の自己評価、指導者による改善点の指摘、といった手順で進んでいく。

ポスターセッション → 106

同時に複数人がプレゼンテーションを行う技法。発表者は、発表内容を記載したポスターの前に立ち発表し、聴衆からの質疑に応じる。通常、複数の発表が同時に行われるため、聴衆は短時間にさまざまなポスターを歩き回って見ることができる。そのため、発表者はさまざまな聴衆から質問やコメントを受け、発表内容に対する理解や考察を深めることができる。

学びほぐし → 22, 72

一度身につけたものの見方や考え方を意識的に捨てること。アンラーンや学習棄却ともいわれる。人や組織が変化に適応しようと異質な文化を受け入れたり新たなことを学習したりする過程の中で必要となる。

メタ認知 → 67

自分自身の思考、記憶といった認知や行動の過程を客観的に把握し、認識すること。たとえば、自分が物忘れしやすいことを把握している学習者は、覚えるべき内容をメモしたり常に目に付くところに掲示したりして、物忘れを防ぐ対策をとることができる。このように自分の認知活動を把握し、調整することによって、学習者は効果的な学習方略を検討することができる。

メンター制度 → 133

指導対象者より経験の豊富な先輩や上司がメンターとして、メンティである指導対象者の成長を支援するメンタリングを実施する制度。メンターはメンティの業務遂行、能力開発、精神面の支援を行う。また、メンターのコミュニケーションやマネジメント能力の向上も期待される。

メンタリング → 30, 134

指導者が指導対象者との対話を通じて気づきや助言を与える人材育成の方法。指導者のことをメンターといい、指導対象者をメンティという。指示などによってではなく指導対象者の自発的な成長を促す方法である。

メンバーシップ型雇用 → 7

あらかじめ職務内容などを定めない雇用形態。雇用した後に適性などに応じて職務をあてがう。多くの日本の企業で採用されている。長期的な雇用に向いているほか、さまざまなキャリア形成の選択肢がある雇用形態である。

目標設定理論 → 48

目標設定が動機づけに関係することに着目した理論。心理学者ロックが提唱した。学習者の意欲を高める目標の特徴が、本人が納得していること、明確であること、難易度が少し高いことであると示した。

モデリング → 59

他者の行動や態度を観察することで、観察者自身の行動や態度にも変化が生じること。心理学者バンデューラが提唱した。新たな行動パターンの習得、すでに学

習した行動の抑制、観察者と同様の行動や態度の喚起といった効果がある。

ユニバーサル段階 → 7
大多数の者が大学に進学し、大学進学が一種の義務とみなされる大学の発展段階。
教育学者のマーチン・トロウによって提案された概念で、該当年齢人口に占める
大学進学率が 50％以上の段階をいう。日本の場合は、2005 年頃以降の大学があ
てはまる。

よく考えられた実践 → 25
熟達化に有効とされる質の高い経験。心理学者のエリクソンが提案した。学習者
にとって課題が明確で難易度が適当なものであり、学習者が実践に対するフィー
ドバックを得る機会や反復して実践する機会を得ているような実践である必要が
ある。

リフレーミング → 44
物事を異なる枠組みでとらえなおすこと。多様なものの見方を理解することがで
きる。否定的にとらえていた物事であっても、見方を変えて肯定的に解釈するこ
とにより、不安や不満の感情を緩和できる。そのため、カウンセリングの技法と
して用いられることもある。

レディネス → 28,83,135
学習にのぞむ学習者に求められる準備状況。主に、学習者の知識や技能、意欲、
過去の経験などが含まれる。不足している場合には学習がうまくいかないので、
学習目標を再検討するなどにより対応しなければならない。

ロールプレイ → 106
特定の場面を想定し、その中である人物の役割を演じることにより学習する活動。
役割を演じることでさまざまな場面での対応方法を学び、他者のものの見方や気
持ちを理解することができる。

ロールモデル → 30,43,92,137
自分が将来目指したいと思う模範となる存在。仕事のできる先輩や上司をロール
モデルにすることで、自分の仕事に対する方向性や目標を設定することができる。
ロールモデルと比較することで自分の課題が明確になる。

ワールドカフェ →106

グループ内の議論をほかのグループと共有する技法の1つ。あるグループで一定時間議論をした後に、1人を除いてほかのメンバーはそれぞれ異なるグループに移動し、同じテーマについて議論する。その後再び元のグループに戻って、新たに議論した内容を共有し、最終的な結論をまとめる。

参考文献

天野勝（2013）『これだけ！ KPT』すばる舎

石田淳（2011）『行動科学を使ってできる人が育つ！ 教える技術』かんき出版

稲垣忠、鈴木克明編（2011）『授業設計マニュアル―教師のためのインストラクショナルデザイン』北大路書房

伊波和恵、髙石光一、竹内倫和編（2014）『マネジメントの心理学―産業・組織心理学を働く人の視点で学ぶ』ミネルヴァ書房

井原徹、中元崇（2011）「これからの職員業務と職員―業務標準化と職員流動化を手掛かりに」『大学職員ジャーナル』第 15 号、pp. 2-15

岩崎保道（2014）「大学における SD（Staff Development）の現状―アンケート調査分析を中心として」『高知大学教育研究論集』第 18 巻、pp. 27-34

グラント・ウィギンズ、ジェイ・マクタイ（西岡加名恵訳）（2012）『理解をもたらすカリキュラム設計―「逆向き設計」の理論と方法』日本標準

エティエンヌ・ウェンガー、リチャード・マクダーモット、ウィリアム・スナイダー（野村恭彦監修、櫻井祐子訳）（2002）『コミュニティ・オブ・プラクティス』翔泳社

江夏幾多郎（2014）『人事評価の「曖昧」と「納得」』NHK 出版

愛媛大学（2019）「教職員の能力開発（SD／FD）について」https://www.ehime-u.ac.jp/overview/sdfd/（最終アクセス：2020 年 8 月 24 日）

愛媛大学教育・学生支援機構教育企画室（2016）「大学教職員のための 32 冊」

大芦治（2013）『無気力なのにはワケがある―心理学が導く克服のヒント』NHK 出版

大島純、益川弘如編（2016）『教育工学選書Ⅱ第 5 巻 学びのデザイン―学習科学』ミネルヴァ書房

奥林康司、上林憲雄、平野光俊編（2010）『入門人的資源管理 第 2 版』中央経済社

小田理一郎（2017）『「学習する組織」入門―自分・チーム・会社が変わる 持続的成長の技術と実践』英治出版

小野公一、関口和代編（2017）『産業・組織心理学（改訂版）』白桃書房

海瀬章、市ノ川一夫（2017）『人事・教育担当者のための能力開発教育体系ハンドブック』日本能率協会マネジメントセンター

鹿毛雅治編（2012）『モティベーションをまなぶ 12 の理論―ゼロからわかる「やる気の心理学」入門！』金剛出版

梶田叡一（1983）『教育評価』有斐閣

学校法人西南学院研修制度運営委員会（2015）「職員研修ガイド 2015」

加藤毅（2010）「スタッフ・ディベロップメント論のイノベーション」『高等教育研究』第 13 集、pp. 61-79

金井壽宏（2002a）『働くひとのためのキャリア・デザイン』PHP 研究所

金井壽宏（2002b）『仕事で一皮むける―関経連「一皮むけた経験」に学ぶ』光文社

金井壽宏、楠見孝編（2012）『実践知―エキスパートの知性』有斐閣

ロバート・ガニェ、ウォルター・ウェイジャー、キャサリン・ゴラス、ジョン・ケラー（鈴木克明、岩崎信監訳）（2007）『インストラクショナルデザインの原理』北大路書房

上條晴夫編（2007）『子どもを注目させる指示・発問・説明の技術』学事出版

上林憲雄、厨子直之、森田雅也（2010）『経験から学ぶ人的資源管理』有斐閣

桔梗友行編（2012）『子どもの力を引き出す新しい発問テクニック』ナツメ社

木村周（2018）『キャリアコンサルティング　理論と実際［5 訂版］―カウンセリング、ガイダンス、コンサルティングの一体化を目指して』雇用問題研究会

パトリシア・クラントン（入江直子、豊田千代子、三輪建二訳）（1999）『おとなの学びを拓く―自己決定と意識変容をめざして』鳳書房

ジョン・クランボルツ、アル・レヴィン（花田光世、大木紀子、宮地夕紀子訳）（2005）『その幸運は偶然ではないんです！―夢の仕事をつかむ心の練習問題』ダイヤモンド社

小池榮一（2000）「プログラム学習」日本教育工学会編『教育工学事典』実教出版、pp. 460-461

小池和男、猪木武徳編（2002）『ホワイトカラーの人材形成』東洋経済新聞社

向後千春（2012）『いちばんやさしい教える技術』永岡書店

向後千春（2015）『上手な教え方の教科書―入門インストラクショナルデザイン』技術評論社

厚生労働省（2020）「令和元年度能力開発基本調査」

小西靖洋（2008）「大学事務組織改革は誰のため」『大学時報』320 号、pp. 48-53

坂元昂編（1983）『現代基礎心理学 7　思考・知能・言語』東京大学出版会

佐藤浩章編（2010）『大学教員のための授業方法とデザイン』玉川大学出版部

佐藤浩章、中井俊樹、小島佐恵子、城間祥子、杉谷祐美子編（2016）『大学のFD Q&A』玉川大学出版部

佐藤雄一郎、末廣純子（2020）「組織から見た自己啓発支援の効果性への影響要因」『日本労働研究雑誌』714、pp. 70-83

真田茂人（2015）『大手企業から引っ張りだこの超人気講師が教える　研修講師養成講座』中央経済社

私学高等教育研究所（2010）「財務、職員調査から見た私大経営改革」

バリー・ジマーマン、ディル・シャンク編（塚野州一、伊藤崇達監訳）（2014）『自己調整学習ハンドブック』北大路書房

島田くみこ（2017）「大学職員の人材マネジメントに関する調査結果（職員の人事マネジメント）」『IDE 現代の高等教育』No. 591、pp. 57-62

島宗理（2004）『インストラクショナルデザイン―教師のためのルールブック』米田出版

清水一彦（2014）「単位制度の再構築」『大学評価研究』第 13 号、pp. 39-49

下井俊典（2019）「scaffolding の概念および背景理論の紹介と再分類の試み」『国際医療福祉大学学会誌』第 24 巻第 2 号、pp. 50-60

エドガー・シャイン（清水紀彦、浜田幸雄訳）（1989）『組織文化とリーダーシップ―リーダーは文化をどう変革するか』ダイヤモンド社

エドガー・シャイン（金井壽宏訳）（2003）『キャリア・アンカー―自分のほんとうの価値を発見しよう』白桃書房

ディル・シャンク、バリー・ジマーマン編（塚野州一編訳、中谷素之、伊達崇達、岡田涼、犬塚美輪、瀬尾美紀子、秋場大輔訳）（2009）『自己調整学習と動機づけ』北大路書房

ドナルド・ショーン（柳沢昌一、三輪建二監訳）（2007）『省察的実践とは何か―プロフェッショナルの行為と思考』鳳書房

鈴木克明（2002）『教材設計マニュアル―独学を支援するために』北大路書房

鈴木克明、美馬のゆり編（2018）『学習設計マニュアル―「おとな」になるためのインストラクショナルデザイン』北大路書房

須田敏子（2018）『組織行動―理論と実践』NTT 出版

諏訪康雄（2017）『雇用政策とキャリア権―キャリア法学への模索』弘文堂

関根雅泰（2006）『教え上手になる！―教えと学びのワークブック』明日香出版社

高浦勝義（2000）『ポートフォリオ評価法入門』明治図書出版

高橋潔（2013）『評価の急所（へそ）―パラダイムシフトを迎える人事評価』日本生産性本部生産性労働情報センター

高橋弘司（1993）「組織社会化研究をめぐる諸問題―研究レビュー」『経営行動科学』第 8 巻第 1 号、pp. 1-22

田中耕治（2008）『教育評価』岩波書店

田中耕治編（2005）『よくわかる教育評価』ミネルヴァ書房

田辺康広（2013）『できるリーダーは部下の「感情」を動かす―チームを強くするエモーショナル・インテリジェンス』PHP 研究所

ミハイ・チクセントミハイ（今村浩明訳）（1996）『フロー体験 喜びの現象学』世界思想社

ミハイ・チクセントミハイ（大森弘監訳）（2010）『フロー体験入門―楽しみと創造の心理学』世界思想社

中央教育審議会（2005）「我が国の高等教育の将来像（答申）」

ウォルター・ディック、ルー・ケアリー、ジェイムズ・ケアリー（角行之監訳）（2004）『はじめてのインストラクショナルデザイン』ピアソン・エデュケーション

バーバラ・デイビス（香取草之助監訳）（2002）『授業の道具箱』東海大学出版会

寺﨑昌男（2010）「大学職員の能力開発（SD）への試論―プログラム化・カリキュラム編成の前提のために」『高等教育研究』第 13 集、pp. 7-21

ピーター・ドラッカー（上田惇生編訳）（2000）『プロフェッショナルの条件―いかに成果をあげ、成長するか』ダイヤモンド社

内閣府編（2018）『平成 30 年版　子供・若者白書』日経印刷

中井俊樹（2020）「業務を通した指導の質を高める」『臨床老年看護』第 27 巻第 6 号、pp. 59-65

中井俊樹編（2015）『シリーズ大学の教授法 3　アクティブラーニング』玉川大学出版部

中井俊樹、小林忠資編（2017）『看護教育実践シリーズ 3　授業方法の基礎』医学書院

中井俊樹、服部律子編（2018）『看護教育実践シリーズ 2　授業設計と教育評価』医学書院

中島英博（2019）『大学教職員のための大学組織論入門』ナカニシヤ出版

中原淳（2010）『職場学習論―仕事の学びを科学する』東京大学出版会

中原淳（2012）『経営学習論―人材育成を科学する』東京大学出版会

中原淳（2014）『研修開発入門―会社で「教える」、競争優位を「つくる」』ダイヤモンド社

中原淳（2017）『はじめてのリーダーのための実践！フィードバック　耳の痛いことを伝えて部下と職場を立て直す「全技術」』PHP 研究所

中原淳、島村公俊、鈴木英智佳、関根雅泰（2018）『研修開発入門「研修転移」の理論と実践』ダイヤモンド社

中原淳編（2006）『企業内人材育成入門―人を育てる心理・教育学の基本理論を学ぶ』ダイヤモンド社

中原淳編（2012）『職場学習の探究―企業人の成長を考える実証研究』生産性出版

中村文子、ボブ・パイク（2017）『講師・インストラクターハンドブック』日本能率協会マネジメントセンター

中村文子、ボブ・パイク（2018）『研修デザインハンドブック』日本能率協会マ

ネジメントセンター

中村文子、ボブ・パイク（2019）『研修アクティビティハンドブック』日本能率協会マネジメントセンター

中村和彦（2019）『マンガでやさしくわかる組織開発』日本能率協会マネジメントセンター

夏目達也（2013）「大学職員の主体性を尊重した職務遂行能力の形成—国立大学を中心に」『名古屋高等教育研究』第 13 号、pp. 5-24

夏目達也、近田政博、中井俊樹、齋藤芳子（2010）『大学教員準備講座』玉川大学出版部

西尾太（2015）『人事の超プロが明かす評価基準』三笠書房

日本応用心理学会編（2007）『応用心理学事典』丸善出版

日本私立大学協会附置私学高等教育研究所（2010）「財務、職員調査から見た私大経営改革」『私学高等教育研究叢書』

マルカム・ノールズ（堀薫夫、三輪建二監訳）（2002）『成人教育の現代的実践—ペダゴジーからアンドラゴジーへ』鳳書房

野口芳宏（2011）『野口流 教師のための発問の作法』学陽書房

野中郁次郎、竹内弘高（1996）『知識創造企業』日本経済新聞出版社

エリザベス・バークレイ、パトリシア・クロス、クレア・メジャー（安永悟監訳）（2009）『協同学習の技法—大学教育の手引き』ナカニシヤ出版

ロバート・パイク（中村文子監訳、藤原るみ訳）（2008）『研修＆セミナーで教える人のためのクリエイティブ・トレーニング・テクニック・ハンドブック（第 3 版）』日本能率協会マネジメントセンター

波多野誼余夫（2001）「適応的熟達化の理論をめざして」『教育心理学年報』第 40 巻、pp. 45-47

濱口桂一郎（2009）『新しい労働社会—雇用システムの再構築へ』岩波書店

原口佳典（2010）『100 のキーワードで学ぶコーチング講座』創元社

福島一政（2010）「大学のユニバーサル化と SD—大学職員の視点から」日本高等教育学会編『高等教育研究』第 13 集、pp. 43-60

藤岡信勝（1989）『授業づくりの発想』日本書籍

藤永保監修（2013）『最新 心理学事典』平凡社

マイケル・ポランニー（高橋勇夫訳）（2003）『暗黙知の次元』筑摩書房

眞崎大輔監修、ラーニングエージェンシー編（2019）『人材育成ハンドブック新版—いま知っておくべき 100 のテーマ』ダイヤモンド社

増田泰子（1999）「企業における「自己啓発援助制度」の成立」『大阪大学教育学年報』第 4 号、pp. 1-17

松尾睦（2006）『経験からの学習—プロフェッショナルへの成長プロセス』同文

館出版

松尾睦（2011）『職場が生きる 人が育つ―「経験学習」入門』ダイヤモンド社

松尾睦（2015）『「経験学習」ケーススタディ』ダイヤモンド社

松尾睦監修、ダイヤモンド社人材開発編集部編（2015）『OJT 完全マニュアル―部下を成長させる指導術』ダイヤモンド社

松本雄一（2019）『実践共同体の学習』白桃書房

三浦麻子（1996）「課題遂行におよぼす目標設定と自律性の効果」『大阪大学人間科学部紀要』第 22 巻、pp. 111-132

宮村留理子（2003）「大学事務職員の専門職化に関する全国私立大学調査結果報告」大場淳・山野井敦徳編『大学職員研究序論（高等教育研究叢書 74）』広島大学高等教育研究開発センター、pp. 143-150

ロバート・メイジャー（小野浩三監訳）（1974）『教育目標と最終行動―行動の変化はどのようにして確認されるか』産業行動研究所

森和夫（2005）『技術・技能伝承ハンドブック』JIPM ソリューション

守島基博（2004）『人材マネジメント入門』日本経済新聞出版

森敏昭、岡直樹、中條和光（2011）『学習心理学―理論と実践の統合をめざして』培風館

森朋子、溝上慎一編（2017）『アクティブラーニング型授業としての反転授業（実践編）』、ナカニシヤ出版

文部科学省高等教育局大学振興課大学改革推進室（2016）「平成 26 年度の大学における教育内容等の改革状況について」

安田誠一（2015）「大学職員の能力開発における大学院教育の位置づけ―大学人事部への調査からの考察」『大学アドミニストレーション研究』第 5 号、pp. 107-120

谷田川ルミ（2012）「戦後日本の大学におけるキャリア支援の歴史的展開」『名古屋高等教育研究』第 12 号、pp. 155-174

リベルタス・コンサルティング（2018）『「大学等における「教職協働」の先進的事例に係る調査」調査報告書』

ジーン・レイヴ、エティエンヌ・ウェンガー（佐伯胖訳）（1993）『状況に埋め込まれた学習―正統的周辺参加』産業図書

労働政策研究・研修機構（2017）「人材育成と能力開発の現状と課題に関する調査結果（労働者調査）」

渡辺三枝子、平田史昭（2006）『メンタリング入門』日本経済新聞出版社

Baldwin, T. & Ford, J. K. (1988) Transfer of Training: A Review and Directions for Future Research, *Personnel Psychology*, 41, 63-105.

Bartsch, R. & Cobern, K. (2003) Effectiveness of PowerPoint Presentations in

Lectures, *Computers & Education*, 41(1), 77–86.

Broad, M. L. & Newstrom, J. W. (1992) *Transfer of Training: Action-packed Strategies to Ensure High Payoff from Training Investments*, Perseus Publishing.

Brown, J. S., Collins, A. S. & Duguid, P. (1989) Situated Cognition and the Culture of Learning, *Educational Researcher*, 18(1), 32–42.

Cantillon, P. & Sargeant, J. (2012) Giving Feedback in Clinical Settings, *British Medical Journal*, 337, 1292–1294.

Chi, M. T. H. (2006) Two Approaches to the Study of Experts' Characteristics, in Ericsson, K., Charness, N., Feltovich, P. J., Hoffman, R. R. (Eds.), *The Cambridge Handbook of Expertise and Expert Performance*, Cambridge University Press, 21–30.

Collins, A., Brown, J. S. & Newman, S. E. (1989) Cognitive Apprenticeship: Teaching the Craft of Reading, Writing, and Mathematics, in L. B. Resnick (Ed.), *Knowing, Learning, and Instruction: Essays in Honor of Robert Glaser*, Hillsdale, NJ: Lawrence Erlbaum Associates, 453–494.

Dreyfus, Hubert L. & Dreyfus, Stuart E. (1986) *Mind over Machine*: The power of Human Intution and Expentise in the Era of the Computer, Free Press.

Drucker, P. F. (1954) *The Practice of Management*, Hyper and Row.

Ericsson, K. A. (1996) *The Road to Excellence: The Acquisition of Expert Performance in the Arts and Sciences, Sports and Games*, Lawrence Erlbaum.

Ericsson, K. A., Krampe, R. T. H. & Tesch-Romer, C. (1993). The Role of Deliberate Practice in the Acquisition of Expert Performance, *Psychological Review*, 100, 363–406.

Haas, M. R. & Hansen, M. T. (2005) When Using K When Using Knowledge Can Hur nowledge Can Hurt Performance: The V formance: The Value of alue of Organizational Capabilities in a Management Consulting Company, *Strategic Management Journal*, 26, 1–24.

Harden, Ronald M. & Crosby, Joy. (2000) The Good Teacher is More than a Lecturer: The Twelve Roles of the Teacher, *Medical Teacher*, 22(4), 334–347.

Herzberg, F. (2003) One More Time: How Do You Motivate Employees?, *Harvard Business Review*, January, 87–96.

Irons, A. (2008) *Enhancing Learning through Formative Assessment and Feedback*, Routledge.

Katz, L. (1955) Skills of an Effective Administrator, *Harvard Business Review*, 33, 33–42.

Kirkpatrick, D. & Kirkpatrick J. (2006) *Evaluating Training Programs: The Four Levels*, 3rd Edition, Berrett-Koehler publishers.

Kolb, Alice Y. & Kolb, David A. (2013) *The Kolb Learning Style Inventory 4.0: A Comprehensive Guide to the Theory, Psychometrics, Research on Validity and Educational Applications*, Experience Based Learning Systems.

Kolb, David A. (1984) *Experiential Learning: Experience as the Source of Learning and Development*, Prentice Hall.

Lewin, K. (1943) Psychology and the Process of Group Living, *Journal of Social Psychology*, 17, 113-131.

Lim, D. H. & Nowell, B. (2014) Integration for Training Transfer, Learning, Knowledge, Organizational Culture, and Technology, Schneider, K. (eds.), *Transfer of Learning in Organizations*, Springer, 81-98.

Lombardo, Michael M. & Eichinger, Robert W. (2010) *The Career Architect Development Planner*, 5th Edition, Lominger.

Skinner, B. F. (1968) *The Technology of Teaching*, New York, Appleton-Century-Crofts.

執筆者（2021年1月現在）

竹中喜一（たけなか・よしかず）　編者、2章、4章、5章、12章

愛媛大学教育・学生支援機構講師
専門は大学職員の能力育成を中心とする高等教育論、教育工学。大阪大学人間科学部卒業後、民間企業でのSEや営業支援の業務を経て、2008年関西大学に専任事務職員として入職。学生による教育・学修支援制度の設計・運用、ICT活用支援、授業評価、SD、教学IR関連業務を担当。関西大学在職中に名古屋大学大学院教育発達科学研究科博士前期課程修了後、大阪大学大学院人間科学研究科博士後期課程修了。博士（人間科学）。愛媛大学教育・学生支援機構特任助教を経て、2019年より現職。著書に『大学のFD Q&A』、『アクティブラーニング型授業としての反転授業［実践編］』（ともに分担執筆）などがある。

中井俊樹（なかい・としき）　編者、1章、6章、9章、11章共著

愛媛大学教育・学生支援機構教授
専門は大学教育論、人材育成論。1998年に名古屋大学高等教育研究センター助手となり、同准教授などを経て2015年より現職。大学教育学会および日本高等教育開発協会理事。著書に『アクティブラーニング』（編著）、『看護現場で使える教育学の理論と技法』（編著）、『大学のIR Q&A』（共編著）、『大学の教務Q&A』（共編著）、『大学教員のための教室英語表現300』（編著）、『大学教員準備講座』（共著）、『アジア・オセアニアの高等教育』（分担執筆）、『成長するティップス先生』（共著）などがある。

上月翔太（こうづき・しょうた）　7章、11章共著

愛媛大学教育・学生支援機構特任助教
専門は高等教育論、文芸学、西洋古典文学。2010年大阪大学大学院文学研究科博士前期課程修了後、民間企業での勤務を経て、2019年大阪大学大学院文学研究科博士後期課程文化表現論専攻文芸学専修を単位修得退学。日本学術振興会特別研究員（DC2）、大阪産業大学等非常勤講師、大阪大学大学院文学研究科助教を経て、2020年より現職。

小林忠資（こばやし・ただし）　3章

岡山理科大学獣医学部講師
専門は大学教育論、比較教育学。名古屋大学高等教育研究センター研究員、愛媛大学教育・学生支援機構特任助教などを経て 2018 年より現職。FD だけでなく、「映像を活用した授業・研修」「後輩の成長を促すコーチング」「職員のための講師養成講座」など SD にかかわる研修も担当。著書に、『看護のための教育学』（共編著）、『看護現場で使える教育学の理論と技法』（分担執筆）、『アクティブラーニング』（分担執筆）、『授業設計』（分担執筆）、『大学の FD Q&A』（分担執筆）などがある。

小山敬史（こやま・たかし）　10章

東海国立大学機構総務部人事企画課職員担当係長
名古屋大学を卒業後、名古屋大学に入職。入職後、総務系、人事系の業務に従事。学内で若手職員を中心とした勉強会を主催し、積極的に学外の勉強会にも参加している。放送大学に出向中に名古屋大学大学院教育発達科学研究科で高等教育論を専攻。職員の自発的な能力開発活動をテーマに研究し、修士（教育）の学位を取得。名古屋大学に復帰後、研修担当係長となり、研究成果を活かし若手職員向けの研修を充実させた。2017 年 7 月に現職に就いてからも、自発的な勉強会の新たな可能性を模索している。大学マネジメント研究会会員。

藤本正己（ふじもと・まさみ）　8章

徳島文理大学教務部教務課事務主任
2008 年に徳島文理大学入職後、情報センター、教務部教務グループを経て、2019 年より現職。現在、入試に関する業務を担当するとともに、学内の IR 業務にも従事している。2017 年から SPOD 次世代リーダー養成ゼミナールを受講し、「AO 入試の見直しと高大接続プログラムの作成・実施」と題して、自大学の課題解決プロジェクトを実践した。2019 年に当ゼミナールを修了。業務の傍ら、テキストマイニング手法を用いた質的データの分析について研究している。

大学 SD 講座 4
大学職員の能力開発

2021 年 2 月 15 日　初版第 1 刷発行

編著者 ─────── 竹中喜一・中井俊樹
発行者 ─────── 小原芳明
発行所 ─────── 玉川大学出版部

　　　　　　　〒 194-8610　東京都町田市玉川学園 6-1-1
　　　　　　　TEL 042-739-8935　FAX 042-739-8940
　　　　　　　http://www.tamagawa.jp/up/
　　　　　　　振替　00180-7-26665
装　丁 ─────── しまうまデザイン
印刷・製本 ───── 創栄図書印刷株式会社

ⓒYoshikazu Takenaka, Toshiki Nakai 2021　Printed in Japan
ISBN 978-4-472-40554-9 C3037 / NDC 377